Kilometersteine

Karl-Heinz Lipok wurde 1921 in Rheinsberg/Mark geboren. Er war elf Jahre alt, als Hitler die Macht ergriff. Eine dubiose Berufsberatung steckte ihn 1938, als Sechzehnjährigen, in eine Uniform, die ihn bald erschauern ließ. Er beobachtete die Verbrechen des Anfangs. Nach elf Monaten zog er die Uniform wieder aus, was ihm nur durch den Tod des krebskranken Vaters gelang. Sechs Monate danach brach der Krieg aus. Im vierten Kriegsjahr wurde, durch Arglosigkeit, Dummheit sowie durch eine alte Akte, die Uniform der Wehrmacht gegen die der Waffen-SS ausgetauscht; für die letzten zwei Jahre des unbedingten Gehorsams, des Sterbens und der ungezählten Kilometersteine.

Mit 65 Jahren begann er zu schreiben. Auch sein Roman »Es war nur ein Lied ... doch es wuchs zum Sturm« ist biografisch. ISBN 3-922514-12-X.

2003 von der World Writers Ass. London mit dem Europapreis für Literatur, Thema Zeitgeschichte, ausgezeichnet.

Karl-Heinz Lipok

Kilometersteine

Geografische Momentaufnahmen

Bibliografische Information der Deutschen Bibliothek:
Die Deutsche Bibliothek verzeichnet diese Publikation in der Deutschen
Nationalbibliografie; detaillierte Daten sind im Internet über
<http://dnb.ddb.de> abrufbar.

© 2005 Karl-Heinz Lipok
Herstellung und Verlag: Books on Demand GmbH, Norderstedt
ISBN 3-8334-3293-4

Inhalt

Vorwort

Als die Autos noch langsamer fuhren und 80 km/h als eine hohe Geschwindigkeit angesehen wurden, da strampelte ich als Radfahrer über die Chausseen. Zur rechten Seite gaben Steine die gefahrenen Kilometer an. Zu Ostern 1935 hatten die Eltern mir ein Fahrrad gekauft. Drei Jahre fuhr ich dann jedes Wochenende von der Stadt mit dem Gymnasium in den kleineren Heimatort und wieder zurück. Kilometersteine? Ich kannte meine Strecke, zweimal dreiunddreißig Kilometer.

Heute rasen wir an Plastikpfählen vorbei, sehen vielleicht mal auf den Tacho; das war's dann. Dabei finden wir Kilometersteine auch auf unserem Lebensweg, die uns an wahre Erlebnisse erinnern. Wir finden Begegnungen mit Feinden des Krieges wie mit Verfolgten von gestern. Und gerade diese Menschen sollten in unserem Denken einen vorderen Platz einnehmen. Sie helfen uns, das Gestern nicht nur vergehen zu lassen, sondern bewusst zu verarbeiten, um jede Art der Wiederholung auszuschließen. Das Nichtsgewusst erbringt neue Erreger. Was könnte den Kindern widerfahren, wenn wir's nicht wahrhaben wollen? Hätten wir es doch nicht so eilig.

Der errungene Wohlstand entbehrt einer rechten Würdigung durch eine im Leid unerfahren gebliebene, sich der Geschichtslosigkeit zuwendende Generation.

Herbert Weichmann ehem. OB Hamburgs

Mila, das Mädchen aus Ostpreußen

In einem märkischen Städtchen besaßen meine Eltern ein kleines Hotel. Für die Gaststätte, die Küche und die Fremdenzimmer wohnten fünf Angestellte im Haus. Es wird 1929 gewesen sein, ich war acht Jahre, als uns das Arbeitsamt auf den Antrag meiner Mutter ein Mädchen schickte. Sie war neunzehn Jahre alt; ihr Vorname schien meiner vier Jahre jüngeren Schwester und mir etwas ungewohnt. »Sie heißt Mila und stammt aus Ostpreußen«, sagte unsere Mutter und bat uns, zu Mila immer artig zu sein. Das waren wir doch. Eine besondere Aufforderung hatte es bisher nicht gegeben. Jedenfalls freundeten wir uns schnell mit dem Mädchen aus Ostpreußen an. Da sie im Hause wohnte und die Eltern am Abend beschäftigt waren, brachte Mila meine kleine Schwester ins Bett. Mir, dem Älteren, räumten die Eltern ein, eine halbe Stunde später allein ins Bett zu gehen. Natürlich achtete ich auf die volle Zeit. Nicht eine Minute vorher gab ich den Eltern meinen Gutenachtkuss.

»Komm doch gleich mit«, bat meine Schwester mich eines Tages und begründete: »Die Mila liest mir immer noch etwas vor, und das ist soo schön.« »Wenn's soo schön ist«, ließ ich mich erweichen und musste meiner Schwester bald zustimmen. Es lohnte sich, auf die halbe Stunde zu verzichten. Wir gewannen Mila lieb, als sei sie unsere große Schwester. Auch die Eltern, die anderen Mitarbeiter, und wer immer mit ihr zu tun hatte, Gäste oder Geschäftsleute aus dem Ort, alle lobten unsere Mila als ein sehr liebes Mädchen.

Nun sind Kinder im Alter von etwa acht Jahren gern neugierig. Fast könnte man sie Lauscher nennen, die auch mal ein Wort aufschnappen, das nicht für ihre Ohren bestimmt ist. Manchmal fehlte nur wenig zur vollen Information. Ich hatte aufgehorcht, mein Vater sprach mit einem Nachbarn über Ostpreußen und Milas Eltern. Als sie mich sahen, schickten sie mich weg. Also nahm ich mir vor, am Abend selbst zu fragen. »Mila«, begann ich vorsichtig und auch etwas langsam, denn ich ahnte, es musste etwas Besonderes gewesen sein. »Was war denn los mit« deinen Eltern, damals im Krieg?« Unsere große Schwester erstarrte für einen Augenblick, dann sagte sie mit weinerlicher Stimme: »Heute kann ich euch nichts mehr vorlesen. Waschen, ins Bett und beten.« So geschah es, und ich entdeckte zwei Tränen in ihren Augen. Mir war nicht ganz wohl, ich fragte mich, was ich denn Böses getan hätte, dessen ich mir nicht bewusst war. Im Bett mussten wir unser Abendgebet sprechen. Mila blieb stumm, schaltete das Licht aus und ging.

Am nächsten Morgen nahm mich meine Mutter zur Seite. Ich hatte einen Tadel erwartet, doch sie sprach sanft, fast bat sie mich: »Was du gestern Abend die Mila gefragt hast, das darfst du sie nie wieder fragen. Versprich mir das.« Damit hoffte sie, unser Gespräch beenden zu können. »Ja, Mami«, sagte ich zunächst, obwohl mich die Frage bedrückte: »Aber warum denn?« Ich konnt's nicht begreifen, ich hatte doch nichts Böses getan. Der Anlass war auch meiner Mutter sehr unlieb. Als ich meine Frage wiederholte und drängelte, da gab sie nach, doch sie bat mich, ich sollte mich an unseren Stammtisch setzen, an dem jeder seinen Platz besaß. Auch meine Mutter hatte inzwischen feuchte Augen bekommen. »Stell dir vor«, begann sie mit weicher Stimme, »wir vier sitzen hier und essen. Plötzlich kommen zwei fremde Soldaten herein, die etwas von mir wollen. Papi steht sofort auf, um mich zu schützen. Da erschießen die beiden zuerst den Papi und dann mich. Käthi und du, ihr müsst zusehen.« Damit beendete Mutter unser Gespräch. Es war zu furchtbar, zu ungeheuerlich, noch eine Frage stellen zu können. Erst viel später konnte ich mir denken, was diese Soldaten von Milas Mutter gewollt hatten.

Eines Tages mussten wir Abschied nehmen von der großen Schwester. Ein alter Freund war gekommen, der Mila abholte. Sie kannten sich aus Ostpreußen und werden bald heiraten. Als sie mit ihm das Gastzimmer verließ, sah sie noch einmal zu uns, wir saßen wieder an unserem Tisch. In ihrem Blick lagen ein Gruß und ein Hoffen für sich und uns. Damit schenkte sie mir ein Bild, das ich bis heute nicht vergessen habe.

Als der Krieg mit Russland ausbrach und ein wahrer Hassregen über die Russen ausgegossen wurde, da habe ich wieder an Mila gedacht, und – ich gestehe es – ich habe unserer Propaganda geglaubt, bis russische Menschen mich mehr und mehr eines Besseren belehrten: nie eine Mehrheit wegen Einzelner zu verurteilen.

Eine Dienstfahrt

»Ein Pärchen wie Max und Klärchen«, so haben die Kameraden uns oft genannt. Maxe, der Münchner, war dreizehn Jahre älter als ich. Mit seinen letzten zwei Schneidezähnen glich er einem Karnickel, was wir ihm oft und nicht ungern gesagt haben. »Für unsre Suppen, da brauchst eh keine Zähn'«, gab er zur Antwort. Auch besaß er kaum noch Haare auf dem Kopf, war aber jederzeit als guter Kamerad einsatzbereit; mit und natürlich auch ohne sein MG. Mich, den gerade zwanzig Jahre alt gewordenen Berliner, nannte er mit dem zweiten Vornamen nicht Heinz, sondern Hein. Wer so weit aus dem Norden kam, den konnte man so anreden. Oder sprach sich's für ihn leichter aus? Nur einmal, da hatte er g'sagt: »Oan Buchstab'n, dös is eh wurscht.«

Unser Einsatz hatte uns fest miteinander verbunden. Wir fuhren einen Kübelwagen, der vom Hunderttausendmannheer stammte, ein robuster »Wanderer«, Baujahr 1928, ein unheimlicher Säufer. Maxe hatte sein MG auf eine Stütze montiert, ich saß am Steuer und Benno, der zweite Mann fürs MG, der hockte hinten. Als Bedienung 'ner Panzerabwehrkanone, Kaliber 5 cm, schleppte unser Wanderer auf seine alten Tage einen Einachsanhänger mit Munition. Der war proppenvoll und leicht nach vorn geneigt, was die Kupplungsachse stark belastete. Kurz vor dem Erreichen des Dnjepr rollte unser Hänger querbeet. »Leckst mi'n Orsch«, hörte ich Max fluchen, denn er wusste, was nun geschehen musste. Die Achse ausbauen, sie war zum zweiten Mal gebrochen. Unser Chef, ein junger Oberleutnant, befahl den Bruch jetzt unbedingt elektrisch zu schweißen, sonst sei es nur ein besseres Kleben. Aber wo gab's hier Strom, wo ein Schweißgerät? Benno blieb mit dem MG bei der Kompanie. Max und ich empfingen für zwei Tage Verpflegung, zehn Liter Benzin und einen Marschbefehl zur Werkstattkompanie der Division, als Nachweis einer Dienstreise und keiner Schwarzfahrt.

»Wann werden wir die beiden wiedersehen?«, hatten Kameraden gefragt und schelmisch gegrinst, dabei wären sie gern mitgefahren. »Wird schon klappen«, sagten wir uns und suchten abhauen zu können, ohne auf eine Spazierfahrt zu hoffen. Wir befanden uns seit zehn Wochen in der Sowjetunion und besaßen keine Illusionen mehr. Auf unserer Suche nach einem Stromnetz hieß es: fahren, fragen, Wälder von Schildern zu studieren, Verpflegung und Benzin zu schnorren. Irgendwie mussten wir hinkommen. Die Spurrillen ungezählter Pferdewagen und Kraftfahrzeuge machten aus Feldwegen eine »Vormarschstraße«. Im trockenen Sommer 1941 ging das grade noch. Langsam schaukelten die Fahrzeuge durch eine endlose Folge von Löchern und Bodenwellen. Doch drei Minuten Regen machten den lehmigen Boden zur Rutschbahn. Wer Schneeketten besaß, der legte sie auf. »Für deine Reifenjröße, da jibt's keene«, hatte es für mich geheißen. Das bedeutete, eine weitere, nicht unbedeutende Russlanderfahrung zu machen. »Elektrisch schweißen? Männeken, hier jibt's keenen Strom, ihr müsst weiter zurück!«, klagte der Schirrmeister der Division. Der Mangel an Hilfsmitteln verleitete ihn zu der unmilitärischen Berliner Antwort. »Und 'n paar Liter Sprit?«, bat ich, sah ihn treuherzig an und spielte den Vorrat im Tank herunter. »Fünf Liter, mehr is' nicht drin, musst eben weiter fechten.« »Vorne is' der Sprit noch knapper als hier.« Wir bekamen die fünf Liter und von der Küche zwei Kellen Kartoffelsuppe. Maxe schlürfte und murrte sauer: »Hier hocken's mit dem Oarsch uff ihr'm Sprit wie 'ne Klucke uff ihre Eier, damit's mehr Küken werden.«

Weiter ging's. Die Stäbe stellten sich als immer höhere Instanzen heraus, aber mehr als fünf Liter konnte keiner abzweigen, wie sie es nannten. Oft haben wir umsonst gefragt. Eine italienische Einheit kam uns entgegen. Wir stoppten sie, staunten über die neuen Lastwagen, die großen Räder mit ihren riesigen Reifen, die wir für unbedingt geländetauglich hielten. Wer mit solchen Fahrzeugen ausgerüstet ist, der wird bestimmt ein paar Liter Sprit an zwei arme Landser abtreten. Der freundliche Mann mit der Feder am Hut hätte das auch gern getan, er stieg aus und hielt mir seinen Tankdeckel unter die Nase. »Naffka!«, sagte er betont und wird damit gemeint haben, dass seine LKWs mit Diesel-Motoren ausgerüstet waren.

»So oan Scheiß! Hier gibt's nix. Nicht einmal elektrischen Strom.« Wir fuhren weiter zurück. Vor einem Dorf mussten wir lachen, die Straße führte durch ein Lattengerüst mit Sowjetstern. »Da haben's ersten Mai g'feiert«, lachte Max, trotz unserer Lage. Wir waren mit Sicherheit über einhundert Kilometer gefahren, einen Kilometerzähler besaß unser Wagen nicht. Wir haben um Sprit und Essen nahezu gebettelt. Dann kam die Erlösung: Strom gab's in Kriwoy-Rog, eine Stadt, die wir auf dem Vormarsch nicht kennen gelernt hatten. Das Unglaubliche geschah, unsere Hängerachse wurde elektrisch geschweißt, genau nach der Zeichnung unseres Schirrmeisters: einmal oben längs wie ein Hahnenkamm, einmal rechts und links. Das hielten wir für stabil genug. Nun sollte man nicht annehmen, in der Etappe, weiter hinten, sei das Fechten von Verpflegung und Benzin leichter. Wir suchten den zuständigen Offizier auf und baten ihn, ein Fernschreiben an unsere Kompanie zu senden. Wir erhielten eine Zuweisung auf eine Tagesration Verpflegung sowie zehn Liter Benzin. Wir hatten ihm klar gemacht, wie sehr der Muni-Anhänger auf dem weiteren Vormarsch gebraucht werde. Darauf reagierte die Etappe, und wir machten uns auf den »Heimweg«. Es gab viele dieser Vormarschfurchen, und überall fand man eine verwirrende Zahl von Schildern zu Stäben, Regimentern und Divisionen. »Werden schon zurückfinden«, sagten wir und horchten auf den fernen Gefechtslärm. Diese Richtung stimmte immer.

Wir bemerkten, etwas von unserer Straße abgekommen zu sein. Am Rande eines Dorfes standen Kinder und staunten. Hatten sie, seitlich eines deutschen Stoßkeils, noch keinen Landser gesehen? »Idi zu da!«, rief ich und winkte, um ihnen die Namen von meiner Zeichnung vorzustottern. Da traf uns eine Überraschung wie ein Keulenschlag. »Warum versucht ihr Russisch zu sprechen, das könnt ihr ja doch nicht«, rief das älteste der Mädchen. Sie mochte achtzehn Jahre alt sein und konnte schon als Fräulein gelten. Max sah in mein dummes Gesicht, doch es ging ihm nicht anders. Wir winkten die Kinder zu uns. Sie kamen langsam, aber mit steigendem Vertrauen. Tatsächlich, mit uns sahen sie die ersten Deutschen. Natürlich klärten sie uns über die Richtung auf, ließen uns aber nicht gleich weiterfahren, denn wir taten, als hätten wir etwas vor.

»Kommt mit zu uns«, sagte das Fräulein. »Mein Vater ist der Dorfälteste. Erzählt uns etwas von Deutschland.« Gesagt, getan. Das Mädchen stand auf dem Trittbrett neben Max und hielt sich am Rahmen der Scheibe und an seiner Lehne fest. Die restlichen Kinder, die rundum hockten, standen oder hingen, gaben dem Wagen das Bild einer rollenden Weinrebe. Nach einem Kilometer etwa bat das Mädchen, vor einem Haus zu halten.

»Habt ihr's endlich geschafft?«, sagte die Mutter und lächelte über den Erfolg der Kinder. Sie hätten seit Tagen an der Straße auf Besuch aus Deutschland gewartet. Wir blieben fast sprachlos. Mir fiel meine Mitgliedschaft im VDA, dem Verein für die Deutschen im Ausland, ein, was auf unserem Gymnasium fast obligatorisch galt. Als ich um etwas Wasser bat, bekam ich frische Kuhmilch und einen mächtigen Kanten vom selbst gebackenen Brot. »Auf dös Brot, da brauchst koa Butter«, meinte Max, als befürchtete er, ich besäße eine andere Meinung. Aber erzählen, das wollte nicht so recht gelingen. Unserem Bericht: keine Arbeitslosen, Autobahnen, Kraft durch Freude hörten sie zu und staunten, doch wir wussten nicht, ob wir sie überzeugten. Waren es Märchen aus Tausendundeiner Nacht? Ähnliches hatten sie auch von ihrer Seite gehört, doch auf die Erfüllung warteten sie noch. So stand jede Seite vor einem Berg von Erlebnissen, den man nicht leicht übersteigen konnte.

»Deutsch haben wir von den Eltern und einem Lehrer gelernt«, sagte das Fräulein. »Nachmittags und freiwillig, es hatte nichts mit der Schule zu tun. Vom Kolchos kann euch der Vater erzählen. Er arbeitet dort und kommt gegen Abend.« Überrascht waren wir, als das Fräulein in das

Schlafzimmer ging, ihr Kind zu wickeln und zu stillen. Danach erzählte sie von ihrem Mann. Man hatte ihn auf die Ingenieurakademie in Leningrad geschickt. Sie wusste nicht, wo er sich befand und ob er überhaupt noch lebte. Seit dem Krieg habe sie von ihm noch keine Nachricht erhalten. Die Mutter saß auf einer Bank am Fenster und dachte nach: Hat ein Krieg schon einmal etwas Gutes gebracht? Sie glaubte nicht. Das Wenige, das sie besaßen, reichte zum Leben, weitere Ansprüche stellten sie nicht, die könnten als Kritik am Staat angesehen werden, und das war gefährlich. Ihnen blieb nichts anderes übrig, außer zufrieden zu sein.

Der Vater kam am Abend, die Stimmung änderte sich nicht. Wollte er uns von der Kolchose erzählen? Das kannten wir inzwischen, unsere Schule hatte uns vorbereitet, die Gegenwart bestätigte es. Der Mann dachte an den ersten Krieg, der ihnen Missgunst und Ärger gebracht hat. Im Krieg sah er den Wegbereiter des Bolschewismus, dessen Herren ihnen das Eigentum genommen haben. Sie stellten die Landwirtschaft restlos auf den Kopf – und stürzten das Volk in Hunger und Elend. Dennoch sah die Familie in uns zwei Gäste aus Deutschland. Es gab Kohlsuppe und Brot, wir wurden satt. Wir werden auf der Erde schlafen und morgen wieder fahren.

Der Kübelwagen schaukelte weiter über die Unebenheiten, doch wir blieben fast wortlos. Jeder beschäftigte sich mit seinen Gedanken. Was hatten wir erwartet? Eine Begrüßung wie die der Kinder? Wir waren doch alle Deutsche! Aber mit verschiedenem Schicksal, das uns gegen unseren Willen prägte.

Die Division lag inzwischen auf dem anderen Ufer des

Dnjepr. Der Übergang über den kilometerbreiten Strom hatte dem Regiment zweihundertachtzig Ausfälle an Toten und Verwundeten gekostet. Als ich uns am vierten Tag zurückmeldete, da wollte der Alte meckern. Meine Antwort blieb kurz: »Genügend Benzin, wir wären zwei Tage früher zurückgekommen.« Der Sprit war's. Dann ging's weiter – immer weiter nach Osten, in Richtung Don und Wolga.

Der Soldat von der anderen Seite

Zwischen zwei gestreckten Anhöhen zog sich ein Tal durch die ukrainische Landschaft. Ein kleines friedliches Tal. Doch nur wenige Kilometer ostwärts tobte die große Schlacht, die erste Winterschlacht des »Unternehmens Barbarossa«. Nach vorübergehendem deutschen Rückzug, dem ersten Dämpfer, war die Front wieder zum Stehen gekommen. Beide Seiten beobachteten einander, kein Geschoss erschreckte das kleine Tal. Drei kleine Katen standen an der Straße, drei kleine Bauernhäuser und mein Wehrmachtwagen, der den nächsten Ort nicht mehr mit eigener Kraft erreichte. Dort, in Liebknechta, prüfte die Werkstatt die im Augenblick entbehrlichen Fahrzeuge, indes die Fahrer in die Stellungen zurückkehrten, um einige der entstandenen Lücken zu schließen.

»Scheißkarre!«, fluchte ich, als erleichterte das unsinnige Wort mir die Lage. Ich war ein junger Bursche von gerade zwanzig Jahren, hatte schon mehrere Fahrzeuge angehalten, doch keiner wagte es, sich meinen Kübelwagen anzuhängen; jeder fürchtete, dann selbst im Schnee stecken zu bleiben. Also gab ich eine Meldung an den Schirrmeister mit, ich warte hier, bis mich jemand holt. Den Zündschlüssel steckte ich in die Tasche, griff meinen Wäschebeutel, mein Gewehr und ging ohne Zögern auf das dritte Haus zu. Der senkrecht in den frostigen Himmel steigende Rauch verriet Wärme und zog mich an. Kaum hatte ich die Tür geöffnet, als einem kahlköpfigen, etwa dreißigjährigen Bauern der Schreck in die Glieder fuhr. Er war sofort aufgestanden, Falten überzogen seine

Stirn. Eine junge Frau hielt die Hände vor das Gesicht und flehte: »Nimma woyna! Woyna njä karascho!« (Keinen Krieg! Krieg nicht gut!)

Um beide zu beruhigen, zeigte ich die leere Kammer des nicht geladenen Gewehrs. »Zu da nix woina, nur Maschin' kaputt! Ich hier warten, nur warten, ponnjemai?« Obwohl die Russen den Sinn nur errieten, atmeten sie auf. Meinen Sommermantel, so nannten wir ihn jetzt, zog ich aus, stieg aus den Stiefeln und rieb mir die Füße. Als meine Glieder langsam wärmer wurden, trat ich ans Fenster und träumte durch die kleine Scheibe. Es schneite wieder. Große Flocken tänzelten aus einer unendlich scheinenden Weite zur Erde. Kein Wind jagte sie durcheinander, nichts wirbelte sie wieder auf. Ein schleierhaftes Grau ließ keine Wolke, keinen Himmel erkennen. Das tanzende Spiel stimmte mich nachdenklich: Trugen die Schneeflocken die Gedanken der Heimat zu uns, zu den Männern und Söhnen, um deren Leben sie bangten und beteten? Fiel deshalb so viel Schnee in diesem Winter und gerade in diesen Tagen?

Der Bauer kam vom Wasserholen, stellte den Eimer neben den Herd, der Griff klapperte auf dem Rand. Er trat sich den Schnee von den Filzstiefeln und schlug ihn mit der Fellmütze von der wattierten Jacke. Freundlich lächelte er mich an und zeigte auf den ersten Platz am Tisch. Als ich etwas ratlos mit den Schultern zuckte, schob er mich auf die Bank, setzte sich daneben und lächelte. Das russische Ehepaar erhob keinen Einwand gegen meinen Aufenthalt. »Du … wie alt?«, bemühte ich mich um ein Gespräch. Der Russe schüttelte den Kopf. »Nje ponnjemai.«

»Du nix ponnjemai? Wie viel Jahre?« Ich tippte auf

mich. »Dwazat«, das Grinsen zeigte meinen Stolz über ein einzelnes russisches Wort. Das Gesicht des anderen leuchtete auf: »Dwazatwozemm«, tippte er auf sich, »dwazatpjatj«, wies er auf seine Frau.

Mir blieb nichts anderes übrig, als in Gedanken nachzuzählen: Die Russen waren achtundzwanzig und fünfundzwanzig Jahre alt. Natürlich wunderte ich mich, auch das Alter der Frau zu erfahren; dabei stand mir eine andere Frage im Sinn, die ich schon beim ersten Blick auf den kahlen Kopf stellen wollte. »Dwazatwozemm, nix Soldat? Germanski dwazatwozemm, alles Soldat!«

Des Russen freundliche Miene veränderte sich. Verlegen lenkte er ab: »Woyna njä karascho.« Am liebsten wäre er aufgesprungen und weggerannt. Aber was geschähe dann mit seiner Frau? Nachdenklich wiederholte ich die drei russischen Worte und brummte ebenfalls: »Scheißkrieg«, sah den Bauern an und dachte: »Warum sind nicht alle so wie du? Drei Worte nur …« Der Russe dachte dasselbe, doch er sprach es ebenfalls nicht aus. »Du wirklich nix Soldat?« Ich meinte, etwas kauderwelschen wäre gut.

»Rabotti Kolchos! Nix Soldat!«

»'n Heimatkrieger biste? Die gibt's bei uns auch.« »Borschtsch«, lächelte die Frau, stellte einen dampfenden Topf auf den Tisch und reichte mir einen Holzlöffel. Mit freundlicher Geste forderte sie mich auf, mich zu bedienen. Im Stillen bat sie für ihren Mann: Seine Einheit sei auf dem Rückzug, ganz in der Nähe, beinahe aufgerieben worden. Nur wenige entkamen der Gefangenschaft. Vor fünf Tagen klopfte er nachts am Fenster. Den Nachbarn haben sie gesagt, er sei aus der Gefangenschaft geflohen. Besser ist besser. Mir erschien der Suppentopf ungewohnt groß: »Euer Nationalgericht«, dachte ich, »Kohlsuppe mit Kartoffeln, Rüben und etwas Fleisch – wenn ihr es habt. Nun wollt ihr mit mir teilen?« Noch zögerte ich, als die Gastgeber bereits schlürften. Verlegen blickte ich mich in dem kleinen Raum um.

In einer Ecke hing eine Ikone. Ich fühlte mich angesprochen: »Warum scheust du die dir angebotene Hand? Weil sie rau ist? Wäre dir ein Samtpfötchen lieber, bei dem du nicht weißt, welchem Wolf im Schafspelz es gehört?« Da lächelte ich über mich selbst und tauchte den Löffel in den Topf. Als die Frau abräumte, griff der Mann in die Tasche, zog Machorka und Zeitungspapier hervor, drehte sich eine Zigarette und reichte mir den Tabak. Mit »spassiba«, bedankte ich mich. Wenn man nichts anderes hat, dann schmeckt auch russischer Krüll. Zufrieden nickte der Russe mir zu, stand auf und nahm ein dreieckiges Saiteninstrument vom Nagel an der Wand. Er stimmte es kurz und ließ die Finger mit großer Geschicklichkeit darüber tanzen. Eine Melodie erklang, sprudelte voll Lebenslust und Freude; Bilder feuriger Tänze entstanden, blanke Kosakenstiefel sprangen hoch und wirbelten durch die Luft. Die Tänzer lachten, ihre Gesichter strahlten, die Haare der Frauen wehten beim stürmischen Tanz, sogar der nur um den Hals geschlossene Kasak wirbelte lustig mit. Ungeschickt hielt ich meine Zigarette mit Daumen und Zeigefinger, dem Russen steckte die seine locker im Mundwinkel. Er kniff die Augen leicht zu und spielte. Und gerade dieses Bild machte mich stutzig: »Du doch Soldat? Da da?«

Der andere zeigte wieder sein verlegenes Lächeln. Sollte er jetzt weglaufen? Er wurde unruhig, als wankte er auf der Bank hin und her. »Ach so«, lüftete sich mir sein Geheimnis, »abgehauen biste?« Schnell schloss ich ein Auge, pfiff leise durch die Zähne, legte den Zeigefinger auf den Mund und sagte: »Ich psst! Nix sprechen. Du ponnjemai?«

»Kam'rad«, das war das einzige Wort, das der Russe zu sagen vermochte. Warum immer reden, wenn man sich auch so verstand? Die Frau atmete auf. Ihr Mann wollte gerade noch ein Lied spielen – eine russische Weise als Ständchen, als Vorstellung russischer Lebensart –, da wurde unsere Begegnung beendet. Auf der Straße rief jemand meinen Namen.

»Jetzt noch?«, stutzte ich. »Es wird doch schon dunkel.« »Lindner!«, hörte ich noch einmal, aber militärisch barsch. Ich sprang auf, stieg in die Stiefel, rannte raus und rief: »Komme gleich!« Ein Griff zum Mantel, zum Wäschebeutel, zum Gewehr; ein eiliges »Spassiba« und »Doswidannja«, ein kurzer Händedruck. Das Seil spannte sich, die Fahrt nach Liebknechta begann. Ich warf einen Blick zurück: Der Russe stand vor seiner Kate, die Fellmütze hatte er nur aufgestülpt, die wattierte Jacke stand offen, er winkte etwas heimlich.

»Tschüss, Iwan!«, durchzog es mich, und ich hob die freie Hand. »Es hat nicht sollen sein! Schade! Sehr schade! Vielleicht später einmal! – Später! Viel, viel später!« Langsam verwehten die Schneeflocken das Bild des anderen. Beide sahen nichts als Schnee. Nur Schnee. So war es geschehen, Weihnachten 1941.

Unser erster Tag in Frankreich

Den Schwarzwald hatten wir in unseren drei Wochen Urlaub kennen gelernt. Somit blieb uns die Zeit, die Elsässische Weinstraße zu besuchen, die eine Berliner Zeitung ausdrücklich empfohlen hatte. So fuhren meine Frau und ich am vorletzten Tag mit unserem vierjährigen Sohn Michael nach Kaysersberg, dem Geburtsort Albert Schweitzers. –

Nach sechzehn Jahren scheint es mir heute, als sei es gestern gewesen. Schon von weitem grüßte die Spitze das Straßburger Münsters, doch erst am deutschen Zoll streckte die Brücke sich mit kühnem Schwung über den Rhein und ermunterte uns, mal rüberzukommen. Und weil sie den stolzen Namen »Pont d' Europe« trug, wuchs unser Interesse, je mehr wir uns dem französischen Ufer näherten. »Mal sehen, was die Zeitung da geraten hat«, sagten wir und spürten die steigende Spannung. »Notre premier jour en France«, antwortete ich nachdenklich und ebenso mutig, während wir uns langsam der blau-weiß-roten Fahne näherten. Dabei beschwor ich alle Reste meines siebenjährigen französischen Unterrichts, mich jetzt nicht zu verlassen und vertraute ferner auf die Aussöhnung unserer Völker. – Wer es einmal anders erlebt hatte, der sehnte es herbei. Doch in welcher Beziehung standen solche Gedanken zu der Tatsache, dass ich mich der ersten Stunden, der Anfänge der Sprache, mehr erinnerte als der letzten? Ich wusste es nicht, zumal ich die vergangenen Jahre völlig übersah und ganz unter der Bedeutung meiner ersten Fahrt nach Frankreich stand.

Ein junger Zollbeamter winkte uns heran. Bevor ich die nur halb geöffnete Scheibe ganz herunterkurbeln konnte, um ihm unsere Ankunft mit »bonjour« zu melden, tippte er mit der Hand an den waagerecht stehenden Schirm seiner kreisrunden Mütze und bat dienstlich: »Passeports, s'il vouz plait!«

»Oui, oui«, antwortete ich mit einer der allerersten Vokabeln. Er blätterte, sah uns einzeln an: »Deux personnes, un enfant?«

»Oui, oui.« Auch darauf gab es keine andere Antwort. Zweimal oui. Einmal für jeden Erwachsenen. Michael zählte damals noch nicht. Fast mechanisch klappte der Franzose die Ausweise zusammen, reichte sie mir mit der Linken und tippte mit der Rechten abermals lässig an den Mützenschirm. »Bon voyage.«

Ich nahm die Pässe, sagte »oui, oui« und nannte mich einen Trottel. »Merci«, heißt danke. Auch erstes Unterrichtsjahr! In der Sexta hatte ich doch nie gefehlt! Wir rollten nach Frankreich hinein, vorsichtig, nur nichts riskieren. Doch was nützten uns die guten Vorsätze? Wir begingen vor der Reise die Unterlassungssünde, uns nicht ausreichend zu informieren. Fahrtrichtungspfeile galten in Deutschland noch als Empfehlung. In Frankreich …? Wer auf dem linken Pfeil stand, der musste links blinken und nach links abbiegen. In Selestat führte unsere Straße geradeaus. Zwanzig Meter vor uns leuchtete eine Ampel rot. Ich nahm den Gang heraus und ließ den Wagen langsam auslaufen – auf der Fahrbahn mit dem Pfeil nach links. Genau dort, unter dem leuchtenden Rot, stand ein Mann: halblanger Umhang, kreisrunde Mütze und waagerecht stehender Schirm. Rechts neben uns hielt ein großer Peugeot. Der Fahrer lächelte. Ein freundlicher älterer Herr. Wir standen direkt neben dem Polizisten, als das französische Donnerwetter über uns hereinbrach. Ich sah durch das geöffnete Fenster. Der Mann sprach laut, zwischen seinen Lippen sprudelte es heraus, auf der Oberlippe tanzte der Schnauzbart, das sonst so warm klingende Französisch hatte seinen weichen Klang verloren. Trotzdem beneidete ich ihn einen Augenblick: »Vielleicht könntest du auch so gut Französisch sprechen, wenn …« Aber das half mir nichts. Ein fragender Blick zum Peugeot. »Menschenskind, warum grinst du?« Ich sah wieder nach links: »Pardon, monsieur, mais je n'ai pas comprit.« Der Satz war glatt herausgekommen. Das beruhigte mich, und ich sah mich in der Quinta. »Mal sehen, wie er reagiert.« »Vous n'avez pas comprit?«, empörte er sich über meine Dummheit und ignorierte die mühevolle Versetzung in die nächste Klasse. »Allez vous, monsieur! Allez vite!«, forderte er mit gestrecktem linken Arm, den Platz auf dem Pfeil frei zu machen, obwohl die Ampel wieder rot leuchtete. »Il est rouge, monsieur, rouge!«, machte ich ihn aufmerksam. »Rouge ou verte, monsieur! Allez vite!« Wie konnte ich an der Richtigkeit seiner Entscheidung zweifeln, nur weil kein Wagen aus anderer Richtung kam? Es war eben jedes meiner Worte falsch. Ich tat, was er verlangte und brummte halb laut: »Oui, oui. Wenn du es befiehlst, fahre ich in Frankreich bei Rot über die Kreuzung. – Honi soit, qui mal y pense.« Natürlich hatte er auf meinen Fehler reagieren müssen, aber nicht so laut. Warum hatte er gleich geschnauzt, warum nicht ein paar Francs kassiert? Ob ihn einmal ein bitteres Schicksal nach Deutschland verschlagen hatte?

Ich sah mich an seiner Stelle. Er schrieb kein Strafmandat, er umging den Umstand, eine Quittung zu schreiben, damit wir unser Geld in Frankreich anderweitig ausgeben konnten. »Oui, oui. Un grand merci, monsieur. Es wird bestimmt nicht wieder vorkommen.«

Ohne weiteren Zwischenfall erreichten wir Kaysersberg. Ein kleiner Springbrunnen und zwei Mädchen in elsässischer Tracht, das war alles, was uns im ersten Moment auffiel. »Ein Dorf, ein Marktflecken?«, fragte meine Frau und wunderte sich. »Haben wir durch Schweitzer etwas zu viel erwartet?« »Lass uns noch ein Stückchen weiterfahren, vielleicht kommt noch etwas«, bat ich ohne eine bestimmte Absicht. Gleich hinter dem Ort führte die Straße auf eine Anhöhe. Oben fiel mein Blick durch das offene Tor einer Mauer auf Kreuze, keine Grabsteine. – Ein französischer Soldatenfriedhof. Langsam schritt ich den Mittelweg hoch und wieder zurück. Michael hatte in kindlicher Ehrfurcht nach meiner Hand gegriffen. Die Kreuze standen in langen Reihen. Großvater, Vater und ich, wir hatten Glück gehabt. Die Männer hier nicht. Was unterschied uns, was trennte uns voneinander? Das Vaterland? Gab's davon noch immer mehrere?

Wir fuhren nach Kaysersberg zurück, das uns plötzlich anders erschien. Wir spürten den Geist des großen Mannes, ob der Blick auf das Kopfsteinpflaster oder auf das Fachwerk der ehrwürdigen alten Häuser fiel. Das leise Plätschern des Brunnens zog uns an; es gehörte zur Romantik des Ortes. Als ich den Fotoapparat nahm, um unseren Jungen zu fotografieren, stellten sich die beiden Mädchen dazu. Ich schätzte sie doppelt so alt. Michael wurde verlegen. Er zierte sich. »Bleib stehen, Junge. Zu dritt wird das Bild viel schöner!« Es befindet sich noch heute in unserem Album: Schüchtern steht der Junge zwischen den Mädchen mit den bunten Blusen und den spitzenbesetzten Häubchen.

An einer Ecke entdeckte ich eine Gaststätte. An bunt gedeckten Tischen saßen Männer in Arbeitskleidung. Sie tranken Bier oder Wein. Der Wirt spülte Gläser. Er kam, fragte nach unseren Wünschen, trocknete dabei die Hände an seiner halblangen, weißen Schürze ab und sah uns erwartungsvoll an. »Avez vous quelque chose à manger?« Wir hatten uns vorgenommen, die französische Küche kennen zu lernen. Damit stellte meine Frage mehr als einen Sprachtest dar.

»Ah, monsieur, la salle à manger … la premier ètage.« Höflich bat er uns, ihm zu folgen. Er führte uns in den Hausflur und dort eine alte, nicht sehr breite Treppe hinauf. Zwei hintereinander gelegene Zimmer waren mit schweren, gediegenen Möbeln eingerichtet und dienten in der Saison als Speisezimmer. Der Herr des Hauses übergab uns einer freundlichen jungen Frau, die fließend Deutsch sprach. Schneeweiß leuchteten auf ihrem schwarzen Kleid der spitzenbesetzte Kragen und das Schürzchen. An einem runden Tisch fanden wir Platz, sogar für Michael mit seinem kleinen Tankwagen. »Lass ihn«, stimmten wir überein, »wenn er spielt, gibt er Ruhe.«

Vor der Speisenkarte kapitulierte mein Französisch. Die Bedienung empfahl: Zwiebelsuppe, Rinderfilet, Artischocken und eine Flasche Wein aus dem Elsass. Obwohl alle Tische besetzt waren, servierte die junge Frau uns sehr bald unser erstes Essen in Frankreich. Es war reichhaltig und schmeckte vorzüglich. Wir konnten uns den

»salle à manger«, den hinteren Raum mit seiner privaten Atmosphäre, gar nicht mehr anders vorstellen. »Wir haben es gut getroffen«, flüsterten wir uns zu und hörten nur französische Worte. Wir befanden uns »en France«.

Auch Michael schmeckte es, dazu beeindruckte ihn wohl die fremde Sprache. Er protestierte nicht, als die verspielten Hände eines kleinen Franzosen nach seinem Auto griffen. Er aß weiter, und sein blau-weißer Tankwagen wechselte zur anderen Tischhälfte. Dem etwa ein Jahr jüngeren Franzosen machte es größten Spaß, das Auto hin und her zu rollen. Die Mutter strich die Asche ihrer Zigarette ab und lächelte zufrieden. Anscheinend hatte ihr Söhnchen schon vor unserem Kommen gegen das Stillsitzen revoltiert. Als die Mutter zahlte, sollte der Kleine das Auto zurückgeben. Das war zu viel verlangt. Der Junge hielt es krampfhaft fest und brüllte wie am Spieß. Die Mutter sprach mit erhobenem Finger und versuchte, die Kinderhand zu öffnen. Die Situation war uns allen peinlich. »Non madame, lassen Sie. Machen wir deshalb kein Aufsehen!« Aber madame n'a pas comprit. Ich bat die Bedienung: »Sagen Sie der Dame, ihr Söhnchen soll das Auto behalten. Ein kleines Souvenir. Wir sind vorhin auf der Höhe gewesen. – Bringen wir es den Kindern rechtzeitig bei.« Die junge Frau übersetzte, allerdings etwas zu laut. Alle Blicke richteten sich auf uns. Dann sprach die Mutter. Sie sprach mehr, als das Auto wert war, doch mit weicher Stimme. Und was sie ihrem Söhnchen aufgetragen hatte, zeigte das Kind sogleich mit größter Bereitwilligkeit. Der Kleine spitzte das Mündchen, sie hielt ihn unserem Jungen entgegen, und Michael bekam einen Dankeskuss. »Oui, oui«, dachte ich, etwas leiser wäre mir angenehmer gewesen. Auch unser Filius zeigte Verlegenheit und zog den seitlich geneigten Kopf schüchtern zwischen die hochgezogenen Schultern. Aber das war noch nicht alles. Auch meine Frau erhielt ein Küsschen. Nun ist es gut. Oder? »Et alors le monsieur«, forderte sie ihren Kleinen auf. Ein solches Echo hatte ich nicht erwartet. So nahm ich also den Jungen auf meinen Schoß. Brav folgte er dem Wort der Mutter und spitzte wieder die Lippen. Sein Köpfchen kam näher, er bewies Erfahrung, sich auf diese Weise bedanken zu müssen. Sein Köpfchen kam noch näher, das Mündchen spitzte sich weiter. Jetzt rächte sich abermals eine Unterlassungssünde. Beim dritten Kuss bereitete es dem Kleinen Mühe, durch die Nase zu atmen. Und genau dort hatte es kurz aufgeblitzt. Nur wir beide haben es gemerkt. Am letzten Tag überlegten wir, wohin wir noch eine kleine Tour unternehmen könnten. Michael gab die Antwort: »Papi! Bitte, bitte, noch einmal zu den Oui-Oui!«

Der Wunsch wurde ihm noch zweimal erfüllt. Als er fünfzehn Jahre später von einer Ruderregatta zurückkam, lachte er glücklich, vielleicht sogar etwas stolz und zog mit den großen Rudererhänden den Pulli auf der Brust glatt. »Hübsch, was?«, fragte er und wartete auf meine Antwort. Ich stutzte, den dunkelblauen Untergrund durchzogen schmale Längsstreifen, paarweise in Weiß und Rot. Blau – weiß, rot. Blau – weiß, rot. Ein Nationaltrikot! Dezent, keine herausfordernde Nationalität! »Changé! Die Franzosen standen neben uns auf dem Treppchen.« »Sieht sehr gut aus«, bestätigte ich sofort und dachte an das Küsschen in Kaysersberg. Mit dem »premier jour en France« begann unser Rückblick. An das »Oui-Oui« konnte er sich nicht mehr erinnern.

Zwei Jahre später starteten Vater und Sohn nach Frankreich. Die Strecke nach Koblenz galt als Anfahrt. Michael fuhr, er hatte den Führerschein. Mein Blick zur Festung Ehrenbreitstein hinauf besaß nicht mehr den Respekt vor alten Festungsmauern, eher war er mitleidsvoll. Doch von oben, aus der Höhe, da fand ich meine offenen Wünsche: Rhein und Mosel flossen zusammen, der erste Kaiser stand noch nicht an seinem alten Platz, der weiter »Deutsches Eck« heißen sollte. Wäre es doch europäisch. Kannten wir die Geschichte nicht mehr? Luxemburg hatte die gemeinsame Kanalisation der Mosel angeregt, die Franzosen kämen aus ihrem Industriegebiet leichter nach Rotterdam. Könnte es nicht »Europa-Eck« heißen, um de Gaulle und Konrad Adenauer dort aufzustellen? Im Relief stünden daneben die frühen Europäer: Coudenhove-Kalergie, G. Stresemann nebst A. Briand, K. Tucholsky, P. H. Spaak, Schuman, de Gasperie u. a. In der Kathedrale von Reims fanden wir die beiden Männer, die eine tausendjährige Feindschaft beendeten. Ein großes Werk der Politik neben dem der gotischen Architektur mit Spitzbögen und großer Fensterrose über dem Portal. Innen schimmern Glasbilder aus dem 13. Jh., die Säulen des 140 Meter langen Kirchenschiffs streben zum Himmel. Neben dem Gotteshaus reitet Jeanne d'Arc mit gezogenem Schwert und mahnt: Kommt nicht als alte Feinde wieder heraus. Auf dem Weg der »alten Kameraden« fuhren wir weiter. »Michael, hör zu: Urgroßvater, Großvater und Vater waren als Soldaten in Frankreich – du bist Tourist. Lass das Feuer der Freundschaft nie ausgehen!« –

Wir erreichten den »Mort homme«, »Höhe 304« und »Douaumont« mit der 100 Meter langen Gedenkhalle.

Gebeine füllten das gesamte Souterrain. Im Museum heulte, blitzte und krachte es bei Pulvergestank wie 1916. Ein mannshohes Bild zeigte drei deutsche Soldaten mit Pickelhaube auf dem Weg in die Stellung. »Michael, der dritte dort, das ist dein Großvater!« – Der Hang vor der Halle war übersät mit weißen Kreuzen. Tausend stehen in Reih' und Glied, wie sie einst marschierten oder wie Leonidas und seine Spartaner in den Thermopylen, … wie das Gesetz es – wie der nationale Wahnsinn es befahl. Wo in der Welt ist die Erde so sehr mit Blut getränkt? Links, am Ende des Gräberfeldes, ruht ein französischer Soldat auf seinem Sarkophag: Er trägt den Helm mit dem Kamm, Gewehr und Bajonett liegen längs auf dem Körper, die Mantelspitzen sind umgeschlagen, um kniefrei zu laufen. Ich berührte seinen Stein, »… als wär's ein Stück von mir«.

Wir erreichten Commercy an der Maas. Eine schmale Straße zog sich mit einer Brücke über das schmale Wasser. »Michael, einhundert Meter auf dem linken Ufer, da hatt's mich erwischt. Ich sah nur kurz nach hinten, es traf die Schulter, nicht den Hals. Noch keine neunzehn Jahre alt.« Dem Sohn war die Minute peinlich. »Unser Wagen. Die Leute.« Sein Gedanke war gut. Helden sind nicht mehr in. Nur wissen sollt ihr, wie es dazu kam.

Paris. Nachdem unser Zelt nahe dem Bois de Boulogne am Pte. Dauphine stand, zogen wir los. Zum Triumphbogen mit dem Grab des Unbekannten Soldaten von 1914/18, die Champs-Élysées, Moulin Rouge, ein Blick zum Invalidendom, dem Grab Napoleons I., zum Place de la Concorde mit dem 3 000 Jahre alten Obelisken aus dem Tempel von Luxor. Die Füße ruhten wir mit einer

Rundfahrt auf der Seine aus. Vorbei zogen die Tuilerien, der Louvre, der Quai d'Orsay, das Palais de Justice. Mag ein kurzer Besuch vieler Städte genügen, Paris verlangt mehr, und viel Zeit hatten wir nicht. Wir fuhren unter der Pont-Neuf um die Seine-Insel herum, bewunderten die Cathedrâle »Notre-Dame«. Ein gotischer Bau von bestechender Schönheit. Wegen der vielen Touristen blieb es jedoch beim äußeren Bild, als befürchteten wir, innerhalb der Portale die Erinnerung an das äußere Bild zu schmälern. Das Boot brachte den Eiffelturm zum Greifen nah, an der kleinen Freiheitsstatue machten wir kehrt. Wieder auf dem Campingplatz füllten wir zunächst den Magen.

Eine Fahrt durch Paris bei Nacht. Erster Halt am Triumphbogen. Die Vorderseite zeigte ein Relief: Die Freiwilligen von 1792, auch »Die Marseillaise« genannt. Im hellen Licht stürmten sie vor. Doch die Schönheit der Champs-Élysées gab ein besonderes Bild wie der Place de la Concorde. Fast zeigte sich im Licht ein anderes Paris, das seine Schönheit etwas verschämt vorwies. Wir suchten und fanden die Oper, die Bastille und folgten einem Leuchten, die Sacré-Cœur auf dem Montmartre. Die weiße Kuppel strahlte. Nur wenige Touristen traten ein, wo Handzettel mit milden Worten an die harte Schilderung des Geschichtslehrers erinnerten: Die vereinten deutschen Truppen hatten Paris eingeschlossen. Bürgerkriegsähnliche Zustände und Hunger herrschten in der Stadt. Es gab keine Hunde und keine Katzen mehr, sogar größere Nager …! Die Sacré-Cœur wurde zur Erinnerung gebaut. Man hatte einen Stein ins Wasser geworfen, die Ringe wurden größer und quittierten in Versailles. Wen wundert's?

Michael wollte ans Mittelmeer fahren. Er unterschätzte die Größe Frankreichs. Der Genfer See musste uns genügen. Von Chamonix zur Mittelstation des Montblanc hatten wir keine Lust, auch nicht für einem Abstecher nach Zermatt. Der Rhône-Gletscher und sein tiefer Stollen, eine Höhle im Eis, die interessierte uns. Die Natur hält nicht erwartete Wunder bereit. Von der Rhône fuhren wir zum Rhein, von dort ins Allgäu, in unser altbekanntes Urlaubsquartier. Aus einem kleinen Tankwagen war ein Trikot geworden und ein Besuch in Frankreich. Sollte mir nun jemand sagen, solches sei heute alltäglich, so stimme ich ihm zu! Eben deshalb schienen mir diese Tage, die in Schweitzers Heimat begannen, einer kleinen Erinnerung wert.

Menschen in Moskau und Mütterchen Russland

M onoton summten die Düsen. Unsere Maschine flog der soeben aufgegangenen Sonne entgegen. Ihr Schein blinkte schon auf den metallenen Flügeln. Die Sicht war klar, nur eine Herde bauschiger Wolkenschafe tummelte sich weit verstreut unter uns. Das Interesse an einer Ruderregatta führte meine Frau und mich im August 1979 als Beobachter nach Moskau. Unser Sohn saß im Doppelvierer der Bundesrepublik. Obwohl nicht die Vergangenheit, sondern eine glücklichere Gegenwart uns zu dieser Reise veranlasst hatte, ging mein Blick immer wieder durch das ovale Kabinenfenster und suchte in der Tiefe. Ich träumte vor mich hin. Unten zog das weite russische Land wie eine riesige Reliefkarte vorbei. Ich sah dunkelgrüne Wälder, hier einen Fluss, dort einen Stausee. Das Land bot ein Bild seiner gewaltigen Größe und rief Erinnerungen wach. Ich sann weiter und ließ meinen Gedanken freien Lauf über die Wiederholung napoleonischen Schicksals, einhundertdreißig Jahre nach dem französischen Kaiser. Als die Maschine ihre Flughöhe verringerte, erkannten wir Wasserarme, Brücken, Passagier- und Sportboote und setzten zur Landung an. Moskau-Scheremetjewo.

Welch ein Name, wenn man die Stadt zum ersten Mal betrat, wenn sie mit ihren Menschen noch unbekannt geblieben war. In einer großen, halbrunden Halle füllten wir ein Formular aus: persönliche Daten, Dauer und Zweck der Reise. Wir hatten mehr erwartet. Nach einer Viertelstunde erfolgte eine fast flüchtige Gepäckkontrolle, und wir passierten die Sperre. Ich vermisste die Hektik der heimischen Flughäfen. Die Menschen hasteten nicht, sie gaben sich ruhiger und gelassener.

»Please, you go with me«, bat ein Taxifahrer in schwerfälligem Englisch, nahm unsere Koffer, ging voraus und führte uns seine Lederjacke nicht ohne Stolz vor. Das Geschenk eines Besuchers? Sie war ihm eine Nummer zu groß, stellenweise abgewetzt und an den Ärmeln fast durchgestoßen. Dennoch gehörte sie, selbst im Sommer, zum unentbehrlichen Requisit seiner Berufsausübung. Seine Lada-Taxe war sauber, als hätte er sie gerade gewaschen und innen gereinigt. Nach wenigen Metern jedoch wies ein Knacken auf nicht ganz intakte Stoßdämpfer hin. Dessen ungeachtet fuhr unser Fahrer forsch über die welligen Straßen. Festhalten und durch. Hatte er seine Militärzeit als Panzerfahrer absolviert?

Neben der Chaussee ragten plötzlich vier riesige Stahlträger fast senkrecht in die Höhe. In zehn Metern kreuzten sie sich; dicke Schweißnähte verbanden sie zu einer ewigen Sperre. »Da … stop!«, prüfte der Russe sein Englisch mit dem Namen des Mannes, den ich vor dreißig Jahren begonnen hatte zu umschreiben. Zuerst tat ich es mehr unbewusst, dann habe ich es nicht anders gewollt.

Ich saß neben ihm und versuchte etwas zu plaudern. »You speak english?«, stellte ich eine fast überflüssige Frage. »A little only. Next year the Olympic Games. All taxi drivers takes english lessons«, bemühte er sich um eine korrekte Antwort und gab sich offener als auf dem Flughafen. Er schloss sich etwas auf. Mit großer Höflichkeit bemühte er sich, uns die Straßen, Bauten und Denkmäler zu nennen. In einem Gemisch russischer und englischer Worte nannte er: Leningrader- und Karl-Marx-Prospekt, Gorki-Ulitza, Alexander Puschkin und die Moskwa. Seine wohlklingenden Sätze dazwischen verstand ich leider nicht, aber den Menschen neben mir: Mit Liebe und mit Stolz sprach er von seiner russischen Heimat.

»The Kreml«, sagte er, zog das Steuer mit der Rechten in eine weite Kurve, um mit der Linken auf ein halbes Jahrtausend russischer Geschichte hinzuweisen. Das Weiß des ehemaligen Winterpalais leuchtete, doch ebenso strahlten die Mauern der Kirchen mit ihren vergoldeten Zwiebeltürmen. Eine rote Backsteinmauer umschloss den Kreml und machte das Herz der Stadt zu einer Insel. Am Turm des Spasskij-Tors, des Haupteingangs, zählte eine riesige Uhr die Stunden. Seit Jahrhunderten lösten die Wachen sich nach ihren Zeigern ab. Die Basilius-Kathedrale stand rechts, am Roten Platz. Die Dächer der Türme streckten oder schraubten sich dickbauschig in die Höhe. »Hotel Rossia«, lenkte der Fahrer uns vom Kreml und von der Kathedrale ab, zeigte geradeaus auf einen riesigen, rechteckigen Block und fügte stolz hinzu: »Six thousand beds!« Er steuerte die Auffahrt an. Wir hielten es für einen Irrtum. Erst an der Rezeption schwanden die letzten Zweifel. Der Taxifahrer grüßte höflich. Trinkgeld? Fast gekränkt winkte er ab, ging geradewegs zu seinem Wagen und fuhr davon.

»Fünfzig Kopeken?« Am Ruderstadion sammelte meine Frau ihre letzten russischen Schulkenntnisse und wiederholte ungläubig: »Fünfzig Kopeken für jeden Start?« Das schien ihr zu teuer. Neben der Sprechklappe hing eine Ausschreibung aller Rennen des ersten Tages. Die Zahl versetzte sie in Staunen. Sie begann zu rechnen. Hinter uns hatte sich eine Schlange gebildet. Wir baten um eine Ausschreibung. Die kleine ältere Russin verneinte mit ehrlichem Bedauern, es gäbe nur die eine, die an ihrer Scheibe klebte. Sie sah uns mit traurigen Augen an, ihre Fältchen vertieften sich. Sie hätte gern eine andere Antwort gegeben.

Das Gespräch hatte die Verständigung verbessert: Wir sollten am Abend noch einmal vorbeikommen. Zugleich klärte sich das Missverständnis: nicht fünfzig Kopeken pro Rennen, sondern für den ganzen Tag. Aber wie Frauen manchmal sind oder sein können, nämlich gründlich und unbekümmert, studierte unsere Mutter noch immer an der Kasse die kyrillischen Schriftzeichen und fand den Namen des Sohnes. Sie übersetzte Buchstabe für Buchstabe. Die Schlange der Wartenden war gewachsen und wuchs weiter. Doch meine liebe Frau hatte gerade die anderen Namen unseres Doppelvierers gefunden. Sie kannte alle, denn alle hatten sie, bei Training oder Regatten, aus gutem Grund ihre Kuchenmutter genannt. Die Menschen hinter uns warteten mit einer für mich fast unvorstellbaren Geduld. Ich erinnere mich nicht des geringsten Murrens. Der vorderste Russe lächelte verständnisvoll. Auf dem kurzen Weg zum Eingang machte unser Gespräch, das durch Gesten und Handzeichen unterstützt wurde, die Welt zu einem Dorf. »Ihr Sohn rudert in Moskau?« »Da da!« »Woher kommen Sie?« »Germanski.« »Unser Sohn rudert auch«, sagte der Moskauer nicht ohne Stolz. »Oh, wie schön.« »Was rudert Ihr Sohn?«, tastete der Russe höflich weiter, obwohl die Ausschreibung es ihm längst verraten hatte. »Doppelvierer ohne«, sagte meine Frau, als sei ihr das Wort nie fremd gewesen, zeigte dabei aber vier Finger. »Tschetürnä oder tschetürnä parnaja?«, erweiterte der Moskauer Rudervater den Unterricht in seiner Sprache. »Tschetürnä ist der Vierer, aber was ist parnaja?«

Der Russe lächelte wieder und tat, als ruderte er mit beiden Händen nach einer Seite. »Tschetürnä«, erklärte er den Vierer. Danach ruderte er nach beiden Seiten und sagte: »Tschetürnä parnaja.« Unsere Mutter hob einen Zeigefinger. »Ich hab's! Doppelvierer!« Sie verstand die Absicht des Moskauers: »Unsere Jungen starten gegeneinander.« Der russische Rudervater lachte auf. »So klein ist die Welt!« Was konnte er anderes gedacht haben? Seine Frau und ich waren stille Beobachter geblieben. Im Gedränge vor dem Eingang haben wir uns aus den Augen verloren. Schade, ich wünschte, wir wären noch etwas zusammengeblieben.

Unser Boot qualifizierte sich für das Halbfinale. Wir haben außerdem bei den Einer-Rennen einem Freund die Daumen gedrückt. Es waren spannende Tage gewesen, damals in Moskau. Wie die kleine Frau in der Kasse uns geraten hatte, sind wir jeden Abend zu ihr gegangen. Wenn die Ausschreibung für den nächsten Tag schon an der Scheibe klebte, zwinkerte sie mit einem Auge und griff unauffällig in ihre Lade. Ob sie auch einen Sohn hatte? Einmal trafen wir sie außerhalb des Stadions, doch davon später.

Am Tag des Kartenschreibens hatten wir in der Kalininskaja einen Kiosk entdeckt, dessen Karten uns besser gefielen als die im Hotel. Wir suchten aus, überlegten an wen, zählten Verwandte und Freunde an den Fingern ab und beachteten wieder einmal nicht die wachsende Schlange. Fünf oder sechs Menschen warteten geduldig, keiner beschwerte sich. Wir wollten schnell zahlen, fragten aber noch nach Marken.

»Sind aufgedruckt«, sagte der weißhaarige alte Mann und tippte auf eine Kartenecke. »Ja. Aber nicht für uns. Ausland! Deutschland!« »DDR dasselbe«, übersetzte meine Frau und erklärte weiter: »Nix DDR. Anderes Deutschland! Du versteh'n?« Er hatte verstanden, und ob! Es wurde interessant: Eilfertig, aber mit Geduld suchte er in einer Schachtel. Die Wartenden brachten ihn nicht aus der Ruhe. Bedächtig, aber mit der Würde eines Oberpostschaffners riss er die Marken ab. Eine nach der anderen, eine Kopeke für jede Karte. »Gib ihm einen Schein«, sagte ich und hoffte, es ginge schneller, wenn er nur abziehen müsste. Doch ich hatte die Geduld eines Russen noch nicht erkannt; sie ist fast unergründlich, ein Stück der russischen Seele. Da er keine Ladenkasse mit sortiertem Wechselgeld besaß, trat gerade durch meinen Schein die nächste Verzögerung ein. Er verwahrte seine Münzen in Zigarrenkästchen, die er aus einem Regal unter seinem Fenster hervorholte. Für jeden Wert ein Kästchen. Er stellte sie nebeneinander auf ein Brett und gab heraus. Das alles geschah mit Bedacht, fast zeremoniell. Er bückte sich wieder, zog noch eine Schachtel hervor, öffnete sie und nahm die letzte Münze heraus. Dabei verzögerte er jede seiner Bewegungen und lächelte verschmitzt. Etwas spitzbübisch wartete er ab. Meine Frau bestaunte die Münze. »Ein Olympia-Rubel. Spassiba!«, lachte sie und dachte an unseren Sohn, der die Erweiterung seiner Münzsammlung klugerweise der Mutter überlassen hatte. Dankbar nickte ich den geduldig Wartenden meinen Respekt zu und sah durch das kleine Fenster zu dem weißhaarigen

Mann. – In den vergangenen Jahren habe ich oft an ihn gedacht. Bestimmt war er im Krieg auch Soldat gewesen. Hat er das nötig gehabt? Beim Umsteigen gingen wir jeden Nachmittag zweihundert Meter vom Bus zur Metro. Eines Tages rief uns jemand nach. »Hier doch nicht«, sagten wir uns und sind weitergegangen. Dann hörten wir den fast versteckten Ruf noch einmal. Wir drehten uns um und suchten unauffällig nach allen Seiten. Es war die kleine Frau aus der Kasse. Sie hatte uns an diesem Abend nicht gesehen. Etwas verlegen sah sie uns an und schien an ihrer Initiative zu zweifeln. Sie wirkte unsicher, als sie ihre alte Tasche öffnete und die gefalteten Bogen herauszog, an denen noch die Leukoplaststreifen klebten. Sie atmete erst auf, nachdem sie unsere freudige Überraschung erkannt hatte. Meine Frau hielt ihr zwei Paar Strumpfhosen hin. Die Russin wehrte bescheiden ab. Sie musste nachgeben, auch unsere Mutter konnte energisch werden. Sie steckte ihr zwei knisternde Tüten in die Handtasche und drückte den Verschluss zu. »Kein Wort mehr. Spassiba – vielen Dank!«

Oft habe ich seither an Moskau gedacht und mir dabei jedes Mal gewünscht, die Gefährten des Zufalls noch einmal wiederzusehen. Mir blieb allein die Erinnerung; auch an die ungewöhnliche Frau, die am letzten Tag zur besten Botschafterin des Landes und seiner Menschen wurde. Nach der Siegesfeier im Metropol holten wir Michael, unseren Sohn, und ein paar seiner Kameraden dort ab. Für diesen letzten Abend hatten wir mit einem weiteren deutschen Elternpaar noch ein gemütliches Zusammensein verabredet. Aber wo? »Drüben, im Intourist«, sagten die Jungen und überraschten uns mit ihren Stadtkenntnissen:

»Der Dachgarten ist eine Stunde länger geöffnet.« Die Fahrstuhltür öffnete sich, alle Mann rein, ab nach oben. Es rumpelte. Bange Fragen erfassten uns: War's das Alter? Etwa die Konstruktion? Zwischen dem neunten und dem zehnten Stock hingen wir fest. »Alarmknopf!«, forderte einer aufgeregt. »Ruhe bewahren! Man wird schon merken, was los ist.« »Verdammt warm hier!«, sagte jemand, als wäre die Luft knapp. Wir riefen »Hallo!« Unser Klopfen hallte im Schacht. »Tür aufziehen! Ran hier!« Ich hatte Mühe, ihnen klar zu machen, dass sie den Stromkreis unterbrächen und die Hilfe erschwerten. »Hallo!«, riefen zwei der Jungen durch den schmalen Türspalt. Russische Rufe drangen herauf. »Wir hängen hier fest!« Wir hörten englische Worte. »Nix Anglisi! Nix Amerikanski! Germanski!« »Bitte einen Augenblick!« »Na also«, atmete einer auf und fragte mit rheinischem Akzent: »Für wie viele Personen ist der Förderkorb eijentlich?« Er studierte ein Schild über den Schaltknöpfen. »Acht Mann, jlaub' ich. Mein Jott, Jungs, nich nachzählen und janz still steh'n!« Rumms, machte es plötzlich. Dann gleich noch einmal, rumms. Der Fahrstuhl wippte wie an einer Feder. »Sie kurbeln uns runter!« Es rummste wieder. Mehrmals auf jedem Meter. »Hoffentlich hält die Strippe«, gab einer zu bedenken, was uns allen im Sinn stand. »Keene Bange«, mischte sich ein anderer ein. »Wenn de zwischen Himmel und Erde hängst, da kommste immer irjendwo an: entweder unten, wo du aussteijen willst, oder oben, janz, janz oben!« Endlich öffnete sich die Tür, doch statt des Tadels wegen der Personenzahl stand eine ältere Frau mit liebenswürdigem Lächeln vor uns und fragte ganz ruhig: »Nu', was iiist?« Sie hielt die Arme halb auseinander und deutete den späten Gästen ihr Willkommen an. »Wir wollten zum Dachgarten, etwas trinken.« »Nu', brauchen Sie nicht Dachgarten, Sie können trinken bei mir.« Mit einem breiten Lächeln lud sie uns ein. »Ja, aber was Kaltes!« »Wenn Sie wollen kalt, Sie kriegen kalt«, sagte sie und trat zur Seite, um den Eingang frei zu machen. »Aber bitte keinen Alkohol.« »Bitte gern«, antwortete die etwas rundliche Frau mit dem grauen Haarknoten, als stünde ihr ein volles Getränkelager zur Verfügung. »Wenn Sie wollen Bier, sie bekommen Bier, wenn Sie wollen Limonade, Sie bekommen Limonade. Bitte, nehmen Sie Platz!« Dieser freundlichen Aufforderung sind wir gern nachgekommen. In der Mitte des Foyers stand eine Polstergarnitur. Die anderen Eltern und meine Frau hatten dort schon Platz genommen. An der Seite befand sich ein kleiner Schreibtisch mit Telefon und Prospekten, daneben der Kühlschrank. Die Jungen setzten sich ungeniert auf den Boden, lehnten den Rücken an die Wand und hielten die Limoflasche in der Hand. Mehrere Hotelgäste gingen vorbei, unsere Wirtin sprach Englisch, Russisch und noch eine slawische Sprache. Das Bild der auf dem Boden sitzenden Jungen störte niemanden. Ich nahm mir den letzten Stuhl und setzte mich zu ihr. »Sie kommen aus Deutschland?« »Ja, aus Berlin, aus West-Berlin.« »Was machen Sie bei uns in Moskau?« Sie zeigte auf die jungen Männer.

Ich erzählte ihr vom Fisa-Championat, den Weltmeisterschaften für sechzehn- bis achtzehnjährige Ruderer. »Haben Sie gut abgeschnitten?« »O ja! Mit dem zweiten Platz haben wir nicht gerechnet. Moskau wird uns ein besonderes Erlebnis bleiben.« »Ich gratuliere! Herzlichen Glückwunsch! Und wie gefällt es Ihnen bei uns in Moskau?«, fragte sie offen und war ehrlich interessiert. »Es gefällt mir gut. Zuerst hatte ich mir eine andere Welt vorgestellt. Lernt man diese Welt kennen, dann ist sie auch nicht viel anders. Überall leben Menschen, überall gibt es Freud und Leid, wie die Welt nun einmal ist.« »Kennen Sie Leningrad?« Als ich verneinte, erzählte sie von ihrer Heimat, von der Stadt an der Newa. Ihr Mann stammte aus Moskau. »Nun ist er tot«, fuhr sie wehmütig fort. »Aber ich bleibe in Moskau. Hier sind die Kinder. Hier hab ich Wohnung. Was soll ich im schönen Leningrad?« Eine Pause entstand. Unser Gespräch hatte sie an den Verlust ihres Mannes erinnert. Ich wollte ablenken, doch es misslang. Mit deutscher Gründlichkeit tappte ich vom Regen in die Traufe. »Haben Sie immer in Leningrad gelebt?« »Immer«, antwortete sie und blieb danach still. »Schostakowitsch?«, tastete ich unsicher. »Dimitrij Schostakowitsch!« Mit der Betonung des Vornamens bat sie um den ganzen Namen. Leningrader trennten ihn nicht gern. Weiter hütete ich meine Tapsigkeit und fragte: »Ist es sehr schwer gewesen, damals in Leningrad?« An der Wand saßen die jungen Männer, unter ihnen unser Sohn. Sein Rudern hatte mich nach Moskau gebracht. – Sonst nichts!

Aber die Frau schien durch meine dumme Frage fast versteinert. Mit starrem Blick sah sie zum Fenster hinaus. Die Bilder des Krieges waren erwacht, die furchtbaren Bilder der Schlacht um das hungernde und blutende Leningrad. Ich sah sie von der Seite: Ihr graues Haar schimmerte, die Fältchen an der Schläfe und dem Augenwinkel blieben unbewegt. Aber der Flaum auf der großmütterlichen Wange stimmte das Bild mild und gütig. Draußen leuchteten die Scheinwerfer des Kremls. Ein Leuchten jedoch war heller als das Licht auf der alles umklammernden roten Mauer: die weißen Wände der Kirchen mit den schlanken Türmen und den goldenen Zwiebeldächern. Langsam löste sich ihr Blick vom Fenster. Sie wandte sich wieder mir zu und sagte: »Auf dieser Welt geht alles vorüber.« Ihre Züge lockerten sich, sie begann wieder zu lächeln wie in der ersten Minute unserer Begegnung. »Sie kennen doch das Lied: »Es geht alles vorüber, es geht alles vorbei, nach jedem Dezember kommt wieder ein Mai!« Welch ein Mensch! Gastfreundlich, hilfsbereit, einfach und klug. Neben mir saß eine Frau, die in ihrer schlichten Art, mit den knappen Worten über ihr Schicksal und der Versöhnung ausstrahlenden Güte, die Seele ihres Volkes personifizierte. Neben mir saß ein Mensch vom alten Mütterchen Russland. Seit ihrem letzten Wort sah sie mich mit beiden Augen an und erwartete meine Antwort. Ich legte meine Hand auf die ihre und sagte: »Danke, Mütterchen«, obwohl sie nur wenige Jahre älter gewesen sein konnte. Das war alles. Doch ich wusste mich verstanden. – Ein Mann, der einmal auf der anderen Seite gestanden hatte, verneigte sich vor ihrer menschlichen Größe und war zutiefst gerührt. Ich suchte sie weiter zu erleichtern und wechselte das Thema:

»Sie sprechen sehr gut Deutsch.« »Meinen Sie?« Sie lächelte bescheiden. »Wo haben Sie es gelernt?« »Nu«, sprach sie das zweite »N« wieder nicht aus, »Großvater war deutsch.« Als der Defekt behoben war, der Fahrstuhl den Betrieb wieder aufgenommen hatte, verabschiedeten wir uns. An der Tür sahen wir uns noch einmal in die Augen. »Leben Sie wohl, Mütterchen. Herzlichen Dank für diese Stunde. Zu Hause wird man mich fragen, wie es in Moskau gewesen ist. Ich werde von allen Begegnungen erzählen, insbesondere von der heutigen. Leben Sie wohl. – Gott schütze Sie.« Sie sah mich an. Ihre Lippen blieben stumm. Wortlos nickte sie beim Händedruck, aber das Leuchten ihrer gutmütigen dunklen Augen und das Lächeln, das von dort über die Wangen herab bis um den Mund spielte verrieten ihre Gedanken: »Wenn du wieder daheim bist, vergiss dein Versprechen nicht: doswidannja Germanski! Doswidannja!«

A second class man

Oft hab ich mich gefragt und ich bin auch danach gefragt worden, warum ich, wohl zur Steigerung des Konflikts, in meinem Roman aus dem Findelkind auch einen Mischling gemacht habe.« – »Es war nur ein Lied … doch es wuchs zum Sturm.‘ – »Weiß ich selbst nicht«, habe ich geantwortet und mit den Achseln gezuckt. »Eine Intuition, ein unbewusstes Gefühl, das wird’s gewesen sein.« Doch das Suchen ließ mich eine Antwort finden. Goethe sagt im Faust: »Der Menschheit ganzer Jammer packt mich an!« Das heißt, nicht nur neuem Antisemitismus entgegenzutreten, auch der Wunsch Martin L. Kings: »I have a dream …«, den Traum von jener Welt, die noch keine Mode streng geteilt, wartet auf ihre Erfüllung.

Aber es gab auch die reine, die kindliche Seele. Hatten meine kleinere Schwester und ich ein Lob verdient, was auch vorkam, so durften wir uns eine Tafel Schokolade wünschen. Unsere Wahl fiel stets auf die mit den drei Mohren. Das Noch-Nicht-Entdeckte steckte da mit drin, das wir nur ahnten. Nein, gefragt hatten wir nicht, doch wir suchten nach dem Geheimnis. Fuhren die Eltern geschäftlich nach Berlin und wir durften mitkommen, so nutzte unsere Mutter stets die Gelegenheit zum Einkauf in der Großstadt. Für Schuhe zog es uns zu Stiller. Im oberen Stock befand sich ein Kindergarten: Schaukelpferde, eine Eisenbahn aus Holz, Puppen im Bettchen und anderes mehr. Im Mittelpunkt stand ein großer schwarzer Mann in bunter Livree, der die Kinder betreute und immer freundlich lächelte. Er half den Kleinen auf das

Schaukelpferd, er gab Acht, dass keines herunterfiel, er zog die Eisenbahn. Das gab es nur in Berlin. Es war der große schwarze Mann, vor dem wir keine Angst bekamen, der zog uns an; den haben wir gesucht – nicht Stiller.

Und ein Bild gab es, das mir auch heute noch in der Erinnerung steht, das mich 75 Jahre nicht losgelassen hat. Da meine Eltern neben ihrer Gaststätte auch ein kleines Kino besaßen, konnte ich mich schon mal reinschleichen, nicht immer schickte man mich wieder hinaus, besonders nachmittags nicht. Es war die Zeit der ersten Tonfilme. Gebannt starrten die Besucher auf die Leinwand. Was geschah in dem Film? Zwei Pferde zogen einen Wagen an. Gedrängt saßen auf dem offenen Kasten schwarze Männer; alle Ängste der Welt standen in ihren Gesichtern. In der hinteren Ecke trug einer eine Drahtbrille, wehmütig sah er zu einer Frau, die dem Wagen nachlaufen wollte. Zwei Männer hielten sie zurück. Sie weinte und brach zusammen. Das war der Film »Onkel Toms Hütte«, der die Sklaverei anklagte, der damit in der Geschichte der USA eine Rolle gespielt hat. Mit dem Lied vom »Sonnyboy« ging er als erster Tonfilm um die Welt. Großmutter musste mir von Sklaven erzählen, und sie sagte: »Das geschah in Amerika. Euer Freund aus der Leipziger Straße, der befand sich nicht dabei.« Wenn ich aus der Schule kam, folgte ich dem generellen Gebot meines Vaters, beim Eintritt in das Gastzimmer mit einem vernehmlichen »Guten Tag« zu grüßen. Nach einigen Anläufen hatte ich es geschafft. – Als ich neun Jahre alt war, in einer anderen Stadt das Gymnasium besuchte und nur in den Ferien nach Hause kam, blieb mir einmal fast das Wort im Halse stecken. »Komm her und sag dem Herrn ›Guten

Tag'«, hörte ich meinen Vater. An einem der ersten Tische saß er mit einem schwarzen Mann. Ich tat, was mir gesagt wurde, aber ich erkannte sofort: Das war auch nicht der Kinderfreund aus der Leipziger Straße. Es war ein Vertreter, der einen Betrieb besuchte. Doch der schwarze französische Soldat und der deutsche Kriegsgefangene von gestern sprachen auch Französisch miteinander, die ersten Vokabeln hatten mir keine Schwierigkeiten gemacht, nicht das französische Liedchen, das wir bald sangen: »Les souvenirs d' enfance …, – die Erinnerungen der Kindheit erlöschen nie …« Doch bald sah man in Deutschland keinen Menschen afrikanischer Abstammung mehr.

Wir schrieben das Jahr 1945. Kriegsgefangenschaft! Alle Wiesen waren umgepflügt und mit Stacheldraht eingezäunt worden. Einmal das ganze Lager und noch einmal jedes einzelne Cage; das Lager glich einer Bienenwabe. An jeder Ecke drohte ein Turm mit Scheinwerfer und Maschinengewehr. Die Posten übersahen jeden Meter. Tagelanger Regen hatte den Boden aufgeweicht, was jede Revolte unmöglich machte. Aber wo konnten wir uns hinlegen, wo ein paar Stunden schlafen? Umfallen, im Dreck dreimal durchatmen, langsam aufstützen, wieder dreimal tief durchatmen, auf den Knien hocken – Sekunden wirkten wie ein Minutenschlaf. Die Älteren standen nicht alle wieder auf. Eine Dose Wehrmachtfleisch für dreißig, vier Scheiben Knäckebrot für drei Mann. Löwenzahn nicht zu dicht am Zaun pflücken, das konnte den Tod bringen. Die Gefangenschaft schuf neue Werte: erfassen, begreifen, statt mit falschem Gehorsam und dem »Nicht-Wahrhaben-Wollen« auszuweichen. Über 100 000 Mann waren hier eingepfercht worden, verdreckt und verlaust, bis der Mann mit der DDT-Spritze kam. Der amerikanische Arzt verweigerte die Narkosespritze für eine Blinddarmoperation. – Es gab kein Dach, keine Dusche, nur ein Rinnsal; das Wasser lief aus einem höher gestellten Bassin. Wie der DDT-Mann, so erschien uns auch der Wasserwagen als ein Wunder. Flink wie ein Feuerwehrmann sprang der Beifahrer vom Sattelschlepper, zog einen etwa faustdicken Schlauch aus seinem Behälter und schloss ihn an. Der dunkelhäutige Fahrer saß hinter seinem Steuer, der Motor lief. Auf einen Zuruf schaltete er die Pumpe ein, der Motor brummte dunkler, das Wasser floss rauf in das Bassin.

Es war nicht die erste Gelegenheit, die Amerikaner samt ihrer perfekten und über den Atlantik herangebrachten Ausrüstung zu bewundern. Sie hatten absolut an alles gedacht. Alles war da, alles stand zur Verfügung. Langsam ging ich um die Motorhaube herum, betrachtete die riesigen Räder, die den Männern beim Einsteigen eine sportliche Leistung abverlangten. Dagegen bezeichneten wir uns als arme Würstchen. Mehr blieb uns nicht zu sagen. Der Amerikaner beobachtete mich und sah mein Staunen. Über sein Gesicht zog ein stolzes, jedoch nicht hochmütiges Lächeln. »So geht's bei uns zu«, wird er wohl gedacht haben. Wenn der Kampf beendet war und kein Schuss mehr fiel, dann kam der kleine Mann auf beiden Seiten zu der gleichen Ansicht: »Du bist auch nur ein ganz kleines Arschloch, genau wie ich.« Noch nie hatte ich auch nur ein einziges Wort mit einem Ami gesprochen. Sein Lächeln, wenn's durch den Sattelschlepper auch etwas von oben kam, machte mir Mut, meinen Wunsch auszusprechen: »You have a cigarette for me?« Wird er abwinken, mich auslachen? Ich glaubte schon das »No« des Siegers zu hören, doch er fragte, was zu fragen sich erübrigte: »A cigarette?« Er fasste in die Brusttasche seiner graugrünen Jacke, zog ein Päckchen heraus und ließ eine Zigarette fallen, die ich sicher fangen konnte. Ich wusste nicht, was ich sagen sollte, hielt die Zigarette in der Hand und las »Philipp Morris«. 'ne amerikanische Attika, staunte ich und sah wieder zum Wagen hoch. Seine dunklen Augen leuchteten, er lächelte gutmütig, die Lippen wurden schmaler.

»You give me a cigarette?«, fragte ich und staunte noch immer. Seit zwei Wochen war ich Prisoner of War, a PW. Er schob den linken Ellenbogen über den Rand seiner Tür, neigte sich leicht heraus und sagte: »You are a second class man, and I am a second class man ...« Er zog die Schultern hoch. So war es. Nichts anderes konnte er gemeint haben und bestätigte unsere Gleichheit.

Diese Begegnung soll nicht überbewertet werden, doch man bedenke, in welchen Tagen sie sich ereignete. Sehr oft habe ich an diesen Mann gedacht, habe ich an ihn denken müssen, wenn man Menschen wie ihn beschimpft und durch die Straßen jagt! Eine fünfzehnjährige Schülerin sprach in das Mikrophon einer Magazinsendung: »Es ist doch merkwürdig, bei uns gelten dunkelhäutige Menschen erst dann etwas, wenn sie im Fußball Tore schießen.« Respekt gilt diesem Mädchen! Fehlen uns heute die Not und der Tod von einst? Geht es uns zu gut? – Möge es für einen deutschen Bundeskanzler nie wieder einen Anlass geben, am Grab eines ermordeten dunkelhäutigen Deutschen einen Kranz niederlegen zu müssen.

Das Reservat, ein Gottesdienst und der Indianer Jo

»Die Straße, die dort hinten über die Höhe führt, die musst nehmen, wenn'st ins Reservat willst«, erklärte Alfred und wies mit gestrecktem Arm von der kanadischen auf die US-amerikanische Seite. »A paar Stund gradnaus! Zu Hause, ja da ist alles um die Eck'n.« Er griente verschmitzt. »Und lacht nicht, wenn sie tanzen. Ihr Tanz ist Gebet, da verstehen's keinen Spaß!« Alfred ging und nahm sein schlaues Lächeln mit, als hätte er gesagt: »Schaut's nur zu. In diesem Land müsst ihr euch selbst umsehen, wenn ihr seine Schönheit finden wollt. Es ist gewaltig und lieblich zugleich, es ist herrlich, aber schwer zu beschreiben.« Alfred stammte aus Bayern, seine Frau Regina aus Berlin. Vor zwanzig Jahren waren sie nach Kanada ausgewandert. Sie hatten sich zurechtgefunden. Dieses Land war zu ihrem Land geworden. Hier konnte Regina den Eisernen Vorhang und Alfred Sibiriens Gulag vergessen. Hier, aber nicht sehr viel weiter. Die Erde ist und bleibt rund! Das weite Land hatte uns vom ersten Tag an für sich eingenommen: So weit das Auge reichte, breiteten sich bewaldete Höhen und Täler aus. Meine Frau Ruth, unser fünfzehnjähriger Sohn Michael und ich standen auf einem kleinen Hügel, auf dem der Freund sein Haus gebaut hatte. Wir konnten uns nicht satt sehen an der wenig berührten Natur und der unendlich scheinenden Weite. Mehr und mehr entrückten wir der Hast und der Hektik des engen Europas. Zeit und Raum stressten die Menschen nicht, sie blieben gelassener, bewusster und würdiger. Kanada, das zweitgrößte Land der Erde, zählte nur zweiundzwanzig Millionen Einwohner. Immer wieder gingen suchende Blicke nach Norden und Osten. Alfreds Rinder weideten auf dem Grasland, zwischen seinem Garten und dem hinter einer Senke beginnenden dunklen Wald. Noch leuchteten die Tautropfen, blinkten an Halmen und Gräsern, doch die Sonne begann schon die erquickende Frische zu trocknen. Über den Spitzen der Tannen blinkte unten das am weitesten ins Land flutende Wasser, die Oak-Bay. Dort hatten wir uns an heißen Tagen erfrischt. Wie ein in den Wald eingebetteter See lag sie da. Angeschwemmtes, knorriges Wurzelgeäst rief Fabelwesen. Treibholz längst versunkener Schiffe trieb am Ufer. Hier hatten die Windjammer vergangener Jahrhunderte einen sicheren Hafen gefunden, die maschinengetriebenen stählernen Kolosse jedoch keine ausreichende Wassertiefe mehr. Der Gezeitenunterschied von neun Metern bewegte den Ozean ohne Pause, landein, landaus. Die Leute sprachen von einem Kraftwerk und der Arbeit an einer kilometerlangen Staumauer. Allein die Bewegung des Wassers sollte die Turbinen treiben und ohne Schmutz Strom erzeugen. – Noch lebte ihre Hoffnung. Wir bestaunten fast jedes Bild als ein neues. Nicht Alfred. Der kniete vor seiner Räucherkammer, zwei aufeinander geschweißte Benzinfässer, und blies sacht in das erste Glimmen der Holzkohle. Links, im Süden, standen die Häuser weit verteilt. Man könnte von einer doppelten Ortschaft sprechen. Das reißende Wasser des St. Croix-River teilte sie in St. Steven und Calais, auf kanadischem und amerikanischem Ufer. Im Westen streckte sich die zerlappte, ausgewaschene Küste mit der großen Bucht, der

Passamaquoddy-Bay. Die Landschaft glich den Schären Schwedens. Der weite Atlantik war nur zu erahnen. Man müsste hinuntergehen, um am nass gemachten Finger zu lecken, ob Süß- oder Salzwasser. Wir fanden liebliche, stille Buchten und weit in die See reichende Landzungen. Die Flut hatte kleine Inseln gelöst; sie glichen umspülten Maulwurfshaufen. Schlanke Tannen schmückten auch die kleinsten. »Flower pots«, sagten die Kanadier. Vom Landungssteg hatten wir Flundern gefischt; vom Fischerboot zogen wir hässlichen Tintenfisch, fauchenden Katzenhai und nie gesehenen Rochen aus dem Atlantik. Mit letztem Blick baten Kabeljau und Schellfisch ums Leben. Einer gab nicht auf. Er kämpfte und verwickelte die Schnüre. »Bei mir! Bei mir! Es muss ein ganz großer sein!«, rief Ruth. »Das ist meiner!«, stritt ich, doch der Seelachs von zweiunddreißig Pfund hing nicht an meinem Haken. Der Fischer tötete wie ein Robbenfänger. – Wir haben nur gegessen. Das Land der Freunde war eine weit in die Passamaquoddy-Bay hinausragende Halbinsel und meist dicht bewaldet. Eine halbe Stunde bis zum scheinbar nahen Wasser, durch fast schulterhohen Farn, über dicht bemoosten, weichen Boden, oft Geäst oder sonstiges Gestrüpp und Spinngewebe im Gesicht. Acht geben mussten wir, nicht in einen verwachsenen Brunnenschacht aus der Zeit der Segelschiffe zu stürzen. Acht geben mussten die Freunde auf Skunk und Schwarzbär. Die einen liebten nachts das Federvieh im Stall, die anderen das Obst vom Baum. Auf der Südseite strömte der St. Croix auf das große Salzwasser zu. Alfred erhob sich, seine Kohle glimmte, er klopfte die Knie ab und hing an dünnen Stangen achtzehn Aale in den Smog, in das obere seiner Fässer. Er lächelte zufrieden. Seine Aale zähle ich zu den besten, die ich je gegessen habe. Ich lehnte mich auf meiner Bank zurück. Der Himmel erhob sich über dem Horizont, darin stand das ungetrübte Blau eines unendlichen Raumes. Nur der gelegentliche Kondenzstreifen verriet die irdische Welt. Die große Freiheit? Sie lag vor meinen Augen: Auf dem Grasland, vor dem Wald am fallenden Hang, stand ein Birkenhain. Die weißen Stämme leuchteten in der reinen Morgenluft, die senkrecht herabhängenden Zweige schaukelten hin und her, ihre Blätter tanzten und raschelten im Sommerwind. Leise klang ihr Lied. Ich schloss die Augen und sah das Land trotzdem: »New Brunswick – Picture province des Ahorn-Landes.«

Dann kam der Tag, an dem Reginas Volkswagen mit uns dreien durch Maine rollte, dem nördlichsten der Vereinigten Staaten. Meile um Meile lief er durch dichte, dunkle Wälder, die uns unberührt erschienen. »Kommt nicht off road!«, mahnten die dicht stehenden Stämme. »Versteckt ihr noch immer Bären?«, fragte ich zurück. Plötzlich stand ein weiß leuchtendes Holzhaus neben einer Kreuzung. Es war zweigeteilt; jede Seite deckte ein Runddach, als stünden zwei Iglus nebeneinander. Ein Parkplatz lud zur Rast in der Stille ein. Ein Schild sagte: »Take-Out«. Es roch nach Hot Dog, nach Hamburger und Chicken mit French Fries. Und was gab es in den Wäldern zu verkaufen? Wir standen vor dem Schaufenster und bestaunten die Auslage. Andenken in Hülle und Fülle: große und kleine Steine, rohe und geschliffene; sie leuchteten rot, grün oder blau. Muscheln, spitz wie Tüten, waren zum Schiffchen aneinander geklebt, ein Stäbchen als Mast, kleine runde

Schalen als bauschige Segel und Leitern aus fadendünnem Garn. Indianerkinder mit lieben Gesichtern, auf Bildern oder als Puppen. Ketten und Kettchen; die lang hängenden und die kurzen, beide aus edlem Gestein oder fast winzigem Tiergehäuse. Kleine Perlen waren aufgezogen und zu bunten Indianermustern geknotet. Flecht- und Korbwaren und vieles mehr. Das alles, unzählige Male betont, war Handarbeit. »Gift-shop, Handicraft«, so stand's im Fenster. Teures Gift! Kein Stück unter fünf Dollar!

Zwei Stunden später fuhren wir langsam durch das Indianerdorf, um es anzusehen und ein wenig zu staunen. Wir bewunderten die Siedlung mit Straßen hin und her. Die Häuser hatte man nicht aus runden Stämmen, nicht als Blockhäuser gebaut, sondern aus gehobelten und gefugten Brettern. Neben der hölzernen Kirche befand sich der Sammelplatz zum großen Tanz. Ein unter den kleineren Dorfbewohnern baumlang erscheinender Mann hatte ein besonders farbenprächtiges Indianerkleid angelegt; es leuchtete rot, gelb, grün und blau. Er nahm das Mikrofon, die Menge stellte das Reden ein, er wies auf den »Indianday«, auf ihren indianischen Fest- und Feiertag hin und gab die Wiese frei zum Tanz. Er selbst schlug eine große Trommel. Schrumm, schrumm, bumm, bumm, bumm schallte es monoton in Klang und Takt. Rhythmisch traten die Indianer auf; Männer und Frauen zogen, scheinbar unbewegt, in langer Reihe los. Langsam tapsten sie dahin, oft verharrten sie auf der Stelle, schritten weiter, bildeten einen Kreis, ein Viereck und zeichneten danach die weiten Bogen des Fragezeichens. Schrumm, schrumm, bumm, bumm, bumm. Sie tanzten eine halbe Stunde, erhoben die Arme und beschworen die Götter; sie beugten sich tief und führten die Hände dicht über der Erde. O-beinig, als hätte er das Leben auf dem Rücken ungesattelter Pferde verbracht, tanzte der Häuptling voraus. Stolz hob er den Kopf und streckte das Kinn vor, das unbewegte Gesicht schien versteinert zu sein. Nur die Federn am Kopf und dem langen Rückenschmuck wippten im Takt. Die Zuschauer standen im weiten Kreis herum. Ich fand keine indianischen Besucher. Der Stamm der Mic-Mac tanzte, die Fransen an den Jacken und Hosen flogen mit, festlich hob sich die bunte Kleidung vom grünen Rasen ab.

Ihre Gesichter blieben ernst, mancher Blick verriet stillen Trotz. Kinder tanzten mit und übten sich im alten Brauch. Sollte das genügen, das Erbe der Väter zu erwerben? Am Nachmittag füllte die Kirche sich bis auf den letzten Platz. Der Trommler trug das Kleid des Priesters. Wir standen neben dem Eingang. Das kleine Gotteshaus besaß keinen Altar, keine Orgel, nicht einmal ein Harmonium, aber eine andächtige Gemeinde. Der Geistliche, in roter Robe mit weißer Spitze, hielt seinen Gottesdienst. War er Protestant oder Katholik? Suchen wir in den Menschen, grade in dieser Stunde, keinen unbedeutenden Unterschied. Der Priester sprach langsam, seine Haltung, seine Gesten verdeutlichten die Worte, mit denen er zum Schluss das Vaterunser betete – in einer Sprache für alle Menschen, für die ganze Welt. Auch der Vortänzer, der Häuptling, trug keine Feder mehr. Gleich dem Priester hatte er seinen Festschmuck abgelegt. Jetzt führte er an einer langen Stange einen Kollektebeutel in die Reihen. Von rechts und links, denn so erreichte er auch die Mitte. Der Priester nannte seinen Namen, als er aufforderte, Jo nicht vergeblich bitten zu lassen. Eine Frau nahm ihre Gitarre, zupfte an den Saiten und sang mit dünner Stimme: »Lebt wohl, ihr Freunde mein, ein schöner Tag war uns geschenkt ...« In dieser Stunde ergriff mich das weltliche Lied mehr als eine Fuge von Bach. Der Prediger mahnte zur Nächstenliebe und schloss mit den Worten: »Nun, meine Brüder, gebt eurem Nachbarn zur Linken und zur Rechten die Hand und sagt ihm, schön, dass DU da bist!« Während die Nebenstehenden uns die Hand reichten, war Jo am Eingang angelangt: Eine wetterfeste Leinenjacke umschloss die Brust, die Beine steckten in Hosenröhren; und wohl vom Tanz trug er die Mokassins noch an den Füßen. Mit seiner etwas rundlichen Figur war er um einen Kopf kleiner geblieben als ich. Auf der Stirn und längs der Nase hatten sich tiefe Falten in sein ohnehin ernstes Gesicht gegraben. Dennoch schien er mir kein »Sitting-Bull«, kein Sioux der letzten großen Indianerschlacht zu sein; kein »Winnetou«, der Roman-Apache, der Generationen mit Indianer-Romantik umwoben hatte. Vor mir stand ein Mensch wie du und ich, aber ein Sohn des großen, weiten Landes, in dem man seines Nächsten nicht überdrüssig ist, in dem man ihn sucht! Mit festem Schritt kam er auf mich zu: Im unbewegten Blick seiner dunklen Augen leuchtete unbeirrbarer alter Indianerstolz. Meine Münze fiel. Aufrecht hielt er mir seine kräftige Rechte entgegen und sah mir fest in die Augen, denn wem er die Hand reichte, dem gab er auch ein Stück seines Herzens. Dabei sprach er den Satz des Priesters, in dem das »Ich« keinen Eingang gefunden hatte.

Seit dieser Begegnung habe ich mir oft gewünscht,

noch einmal ein Kind zu sein, noch einmal Indianer spielen zu können. Mir blieb nur die Erinnerung an Jo und seine Brüder. Doch wenn ich einen Freund begrüße, dann mit ihren Worten: »Schön, dass DU da bist.«

Chile – Vom Herbst in den Sommer

Der erste Besuch bei Emigranten

Berlin-Tegel, 30. Oktober 1988: Welche Zeit lag hinter uns, hinter meiner Frau und mir? Was bedeuteten die letzten drei Wochen, nachdem die erste Aufforderung, Freunde in Chile zu besuchen, fast sechs Jahre zurücklag? Zuerst musste ich das Rentenalter erreichen. Jetzt spürten wir die ständig wachsende Freude, wie sie einer solchen Reise entsprach. Schon zwei Wochen vor dem Start begann das Probepacken, das Wiegen und Umpacken, dies raus und jenes rein, bis es geschafft war: beide Koffer besaßen je zwei Kilo Übergewicht. Das war nicht viel, das geht durch. Es kam der große Tag; wir passierten die Sperre. Unser Sohn und Freunde aus unserem Kreis winkten uns ihren Gruß und gute Wünsche zu.

Wenn einer eine Reise macht, dann kann er was erleben, zumal ein Atlantikflug etwas anderes ist, als nach Mallorca zu fliegen. Wir schnallten uns an, blickten auf die Rollbahn, deren Stöße unter den dicken Rädern flappten, bis die Maschine der Air France abhob und mit dreihundert Menschen in die Höhe stieg. Die erste Etappe, der Flug nach Düsseldorf hatte begonnen. Welch ein Gefühl, unbekümmert über Vopos und Mauer hinwegzufliegen. Bald wurde es spannend: In Gedanken sah ich uns schon über Paris, der Stadt des Lichts, und ich hoffte am späten Abend den Arc de Triomphe, die Champs-Élysées zu entdecken, als sich der Abflug in Düsseldorf verzögerte: »Luftraum Reims überfüllt! Der Kapitän telefoniert.«

Noch fürchteten wir nicht um unseren Anschluss, bis es hieß: »Lotsenstreik! Weiterflug über Genf!« Meine Hoffnung ging verloren. Als wir jedoch über dem Elsass Kurs auf Paris nahmen, flackerte sie noch einmal kurz auf, doch die ersehnten Lichter der Stadt leuchteten nicht hell und lebensfroh. Nebliger Dunst ließ mich den Eiffelturm und das Weiß der Sacré-Cœur auf dem Montmartre nicht finden. Alle Eile nutzte nichts, unsere Maschine für den Weiterflug nach Buenos Aires befand sich schon in der Luft, und ein brasilianischer Jumbo stand abgefertigt und startbereit auf seiner Startbahn. Nur verärgert willigten wir in die Zuweisung eines Hotels und den eintägigen Aufenthalt in Paris ein, die nächste Maschine startete erst vierundzwanzig Stunden später. Ein Deutsch-Chilene gab nicht auf. Außer uns war er der einzige Passagier mit dem Reiseziel Santiago. Erfahren und weltkundig verhandelte er energisch und forderte unser Recht. Drei Stunden nach unserer Ankunft belegten wir die letzten drei Plätze einer Maschine über Caracas nach Bogota. Damit flogen wir von Norden zur Westküste Südamerikas. Als unser Jumbo, der Condor unter den Passagierflugzeugen, seine stumpfe Nase in den Himmel hob, drückte sein steiler Aufstieg alle Reisenden in die Rücklehnen. Nach zwei Minuten atmeten wir auf, jeder für sich, still und ohne ein Wort. Wir hatten unsere Höhe erreicht. Ruhig zog der Riesenvogel in 9.000 Metern Höhe dahin, »… wo die Freiheit so grenzenlos ist« (Reinhard Mey). Die Erdgebundenheit war abgelegt, wir freuten uns auf die Sonne, auf den Sommer in Südamerika. Säßen wir zu Hause, hätten wir an das Herbstlied von Theodor Storm gedacht:

»Der Nebel steigt, es fällt das Laub, Schenk' ein den Wein, den holden! Wir wollen uns den grauen Tag vergolden. Ja, vergolden.«

Was summt so gleichmäßig wie die Düsen eines Jets? Ich dachte an die alten, mit Stoff bespannten Doppeldecker und an mein Liederbuch: »Wem Gott will rechte Gunst erweisen, den schickt er in die weite Welt …« Dieses Lied galt uns. Unsere Herzen schlugen höher, doch wem galt das Lied auf der nächsten Seite: »Nun ade du mein lieb Heimatland, lieb Heimatland ade …«? Das galt den Freunden, die wir besuchten, die emigrieren, die fliehen mussten, wollten sie überleben. Einer von ihnen hatte das Wort geprägt: »Jeder sehe einmal mit den Augen des anderen, jeder trage einmal die Last des anderen auf den eigenen Schultern« (Hillel). Aber wer kennt das heute 1.900 Jahre alte Wort? Die Jungen, oder die im Krieg im falschen Glauben auf der falschen Seite gekämpft hatten, wie ich, der zweimal den doppelten Konsonanten auf den Kragenspiegeln tragen musste. Die Freunde wussten es, doch nicht von mir. Es gibt immer kluge Leute, die mehr vom Nächsten wissen als von sich selbst. Interessierten die Menschen im Ausland sich deshalb für mich? Was täte ich an ihrer Stelle …? Schlafen konnte ich nicht, obwohl es das Beste gewesen wäre.

Eine Stunde vor Caracas begann der neue Tag. Ein Sonnenaufgang über dem Äquator zeigt immer ein besonderes Farbenspiel. Langsam stieg ein zartes Rot über dem Horizont auf. Es wuchs zum feurigen Glühen, sein Leuchten schob einen gelb schimmernden Halbkreis darüber. Unaufhaltsam stieg das Licht aus dem Dunkel der Nacht, gefolgt vom ersten schmalen Blau, und bald strahlte der ganze Himmel klar und hell. In Venezuela wurde die Maschine betankt. Alle Passagiere mussten aussteigen. Einige hatten ihr Ziel erreicht, die anderen nahmen wieder Platz. Der chilenische Reisegefährte hatte seinen Bruder angerufen, um seiner Mutter in Santiago die neue Ankunft zu geben. Sie rief unsere Freunde an, und wir waren beruhigt.

Drei Stunden später lag in Kolumbien, in Bogota schon ein Telex über das Fehlen unserer Koffer vor. Sind sie in Caracas falsch umgeladen worden? Nach dem ersten Schreck hieß es: »Sie werden nachkommen, und wenn's in ein paar Tagen ist.« Bei der Kontrolle ging die Schokolade für einen zuckerkranken Freund verloren. »Lass ihn!«, raunte unser Begleiter in weiser Voraussicht. Er kannte diese Burschen. Von der kolumbianischen Hauptstadt aus, die in einer Höhe von 3.000 Metern liegt, flogen wir mit einer chilenischen Linie weiter. »Auf geht's über die Kordilleren«, doch es war nicht das Gebirge, das uns Sorgen machte, gewiss nicht, nur die dunklen Gewitterwolken. Als die ersten Blitze grell zuckten, saßen wir wieder angeschnallt und still, ganz ruhig und lauschten den Düsen. Gleichmäßig summten sie die zweite Strophe von Storm:

»Und geht es draußen noch so toll, Unchristlich oder christlich, Ist doch die schöne Welt, So gänzlich unverwüstlich!«

Nur selten gestatteten die Wolken einen Blick auf die Berge, nur kurz sahen wir das Wasser des Titicacasees tief unter uns liegen. Als wir nach einem Stopp in Arica, der nördlichsten Stadt Chiles, wieder ausstiegen, brach schon die Dämmerung herein. In Südamerika gibt es kaum kürzere Entfernungen. Chile besitzt allein eine Länge von mehr als 5.000 Kilometern. Auf dem Flughafen in Santiago geht man nicht gleich im Getümmel unter. Wir baten noch einmal um ein Suchen nach unseren Koffern; plötzlich sah ich ein erstes Winken. Ich schob unseren Wagen mit dem Handgepäck durch die Sperre, und Kiko, der Enkel unseres Freundes, kam mir entgegen; der Erste, der uns mit chilenischer Herzlichkeit umarmte. Ich fand alle, die wir von ihren Besuchen Berlins kannten oder die wir noch kennen lernen sollten: AnaMaria und Hans waren die Initiatoren des Gedankens, sie in Chile zu besuchen, die wieder nach Deutschland gekommen und zwanzig Jahre später in die Emigrationsheimat zurückgegangen waren. Ergaben Chiles Währung und die Wirtschaft oder eine erneute Unsicherheit in Deutschland die Gründe? Dann standen der Sohn Victor mit seiner Frau Regina da, Schwägerin Elisabeth und die Freunde Hilde und Gerhart Neubauer mit dem Enkel Ainar, Margarita und Wolfgang Stein, Ruth und Heinz Britzmann, Fritz Löwenstein und Inge Neubauer. Sie hielten ein Seil und standen wie Perlen auf einer Schnur, lächelten und fragten still: »Was sagst du? Wir waren, sind und bleiben eine Gemeinschaft wie früher in Deutschland. Wir sehen nicht nur zurück, wir sehen auch vorwärts. Am Gestern kann keiner etwas ändern, aber an die Zukunft, an die Zeit der Kinder lasst uns gemeinsam denken. Dabei wollen wir auf niemanden verzichten, der uns hilft.« Erst in dieser Stunde begann ich, sie richtig zu verstehen. Es gab Umarmungen und Freude in allen Augen. Wir waren angekommen. Wir waren »in«, von der ersten Minute an. Das war bestimmt nicht unser Verdienst, Hans und seine Frau lächelten zufrieden. An ihrer Wohnungstür begrüßte uns ein buntes Schild: »Herzlich willkommen!« Heinz Britzmann hatte es gemalt, der Mann, der die Akademie besuchen wollte, aber in Deutschland nicht zugelassen wurde, der bei seinem Besuch Berliner Chansons und Gassenhauer spielte, der zum »Mann am Klavier« wurde. Von ihm hängen drei Bilder mit Motiven aus dem chilenischen Süden in unserer Wohnung. Wir sehen ihn täglich. Und auf Miezes Balkon stand eine Torte für fünfzig Mann mit dem gleichen Willkommensgruß. Erneut tauchte wieder das Problem unserer Koffer auf; wir hatten keine Schlafanzüge. Hans half aus. Doch wer uns kennt, der kennt unseren Größenunterschied. Eine sich in der Nacht nicht öffnende Sicherheitsnadel erübrigte die Hosenträger. Unser Bild wird an Pat und Patachon erinnert haben. Schon vor dem Frühstück standen wir auf dem langen Balkon. Der Blick strich über Flachdächer auf das 2.500 Meter hohe Vorgebirge der Anden. Es verging ein Moment, die Schönheit zu erfassen und auch diesen Tag als wahr zu erkennen. Ich dachte kurz an mein geliebtes Allgäu, an die noch nicht so fernen Tage des Kraxelns, als Ana-Maria, von allen Mieze genannt, meine Gedanken erriet, und es erklang La Montanara mit dem Chor der Trientiner Bergsteiger. – So sind sie, unsere Chilenen.

Doch der erste Tag brachte auch eine ernste Pflicht. Wir fuhren zu Irmgard und Edgar Frank, dem Freund mit dem Schlüsselbeinbruch in Berlin. Trotzdem hatten wir damals ein paar schöne Stunden. Wir sahen seine Schule, fuhren durch die Straße, in der sein Elternhaus stand, in der Nachbarschaft von Max Reinhardt. Jetzt lag Edgar seit Wochen im Bett. Irmgard war erleichtert, als sie uns sah, Edgar habe sehr auf das Wiedersehen mit uns gewartet. So unfassbar es uns erschien, beide Töchter bestätigten es mit verweinten Augen. Da geschah etwas, was mir nicht bewusst war, es geschah einfach mit mir. Ich beugte mich über den sterbenden Freund und küsste seine Stirn. Die Frauen flüsterten, riefen mich aus der Stille. Hatte ich sie erstaunt, bejahten sie mein Handeln? Wir wollten unseren Freund nicht zu sehr anstrengen und gingen bald. – Wären wir doch geblieben, ein paar Minuten nur … Wir begleiteten ihn auf seinem letzten Weg. Die Anzeige endete: »… y sus amigos de BRC-Welle-Poseidon, Berlin«. Hans zeigte uns das Grab seines Vaters und das der Schwester von Erna Levy. Viele Grabsteine nannten den Geburtsort: Kaufbeuren, Beuthen u. v. a. Der Manquehue, ein erloschener Vulkan, erhob sich als Wächter hinter dem stillen, doch in seiner Aussage so bedeutungsvollen jüdischen Friedhof in Santiago.

Eine Fülle nicht alltäglicher Erlebnisse begleitete uns vom ersten Tag an. Die klimatische Umstellung tat das ihre, sie zwang mich, besonders in der ersten Zeit, oft nach meinem Stock zu greifen, doch daran gewöhnte man sich. Das Bier war gut, bei großer Hitze blieb Vorsicht geboten. Unsere Freunde baten zum Essen in ein Restaurant, das fast außerhalb der Stadt lag. Eine riesige Pergola aus Reet bot kühlen Schatten, daneben rann das letzte Wasser des fast ausgetrockneten Mapocho, ein letztes Rinnsal in der Mitte des Flussbettes. Musikanten gingen von Tisch zu Tisch, spielten und sangen chilenische Lieder. Das Essen glich einem Festmahl:

verschiedene Steaks, Salate und Wein. Mit Recht besingen wir Deutsche unseren Wein; die Chilenen dürften, besonders dem roten, Choräle anstimmen. Die Zunge hängt am Gaumen. – Ich mach mal Pause, ohne Coca Cola! Nun fragt der geduldige Leser nach den Koffern. Gemach, gemach, die sind bei der Air France in guten Händen. Noch immer. Zur Überbrückung erhielt jeder 100 Dollar, … fonds perdu. So lebten wir alle Tage, wenn's bei Mieze und Hans in Chile war. Dann kam der Tag, an dem die Freunde uns aus Santiago entführten. Der Pazifik und der Name Santo Domingo besaßen einen besonderen Reiz. Obwohl das Sommerhaus H. H. H. (Hans Herrmann Halle) nicht allein am Hang stand, boten die Terrasse wie das Eckzimmer einen herrlichen Blick auf den Großen Ozean. Weiße Wellen zogen heran, überrollten sich mit schäumendem Kamm, dessen zerrissener Schaum die nächste aufnahm. Wellen und Schaum, Ebbe und Flut, ewiges Auf und Nieder aus einer unendlich scheinenden Weite. Auch ein Ozean lebt – bis sein Pulsschlag im Sand versiegt. Am Nachmittag standen unsere Liegestühle auf dem gemähten Rasen. Der Blick ging wieder aufs Meer hinaus bis zum linealglatten Horizont. Wo ist meine Welle, die meines Lebens? Sucht sie das Ufer doch seit dem Augenblick ihres Entstehens. Ich möchte noch öfter hier sitzen und in den sommerlichen Herbst träumen, auch der hat schöne Tage: Den Frühling des Lebens, den haben sie euch und uns gestohlen. Was wundert dich? Sie wollen dir zeigen, wir haben es überlebt. Du hast dich gegen einen Schmutzfinken gestellt, hast unseren Rücken gedeckt und dir Feinde gemacht, nimm unseren Dank. Mein

Blick löste sich vom Wasser, ich sah in den blauen Himmel: »Erhalt uns die Gesundheit und leg ein paar Jahre drauf.« – Da hörte ich den alten Storm:

»Und wimmert auch einmal das Herz – Stoß an und lass es klingen! Wir wissen's doch, ein rechtes Herz ist gar nicht umzubringen!«

Am Abend gab sich der Große Ozean ganz als der Stille. Die weite Fläche zeigte keine Schaumkronen, der Schein der tief stehenden Sonne glitzerte schwach wie geknülltes Silberpapier, das eine flüchtige Hand kurz geglättet hatte. Nach dem Essen haben wir Canasta gespielt. Die Freunde versuchten, uns voll einsatzfähig zu machen. »Ob er's endlich kapiert?« Der geduldige Hans hat es geschafft, bis auf allerletzte Feinheiten vielleicht. Nichts bleibt für immer vergeblich. Und an diesem Abend liefen die mitgebrachten Kassetten, von Robert Stolz bis Alexandra, von Udo Jürgens bis Reinhardt Mey. Dazu eine Flasche vom Roten; im Kamin knackten die Zweige. Es wurde kühl am Abend in Santo Domingo. Wir standen auf der Terrasse, schnappten noch einmal frische Luft und suchten am Himmel nach Sternbildern. »Abnehmender Mond«, sagte ich und wies auf die dünne Sichel. »In Europa«, berichtigte Hans. »Hier nimmt er zu. Die halbe Welt steht Kopf. Welche Hälfte ist nun oben, welche unten?«

Fast jeden Morgen fuhren wir zum Bäcker nach Llolleo, zu den Fischern im Hafen von Antonio oder nur auf den Markt von Santo Domingo. Es war ein farbenprächtiger Ort mit meist kleineren und wenigen größeren Sommerhäusern. Jedes hatte seinen eigenen Garten, sauberen, gepflegten Rasen und sein eigenes Blütenreich. Alles erhob sich in Terrassen, Palmenwedel verneigten sich nach allen Seiten. Araucarien standen mit ebenmäßigen Zweigen daneben und Nadelbäume, die ihr Geäst wie junge Buchen fast waagerecht ausstreckten. Was scherten mich biologische Namen, hörte ich Mozart nach dem Köchelverzeichnis? So wie alles sich darstellte, so war es herrlich anzusehen. Hundert Meter weiter, dort auf der Felsennase, wo der Wind die Bäume packt, da wuchs eine Pinie landeinwärts, zur Windstoßfrisur des Ozeans.

Aber es gab auch eine andere Frisur im kleinen Ort an der Küste: Gabys schwarzer indianischer Pilzkopf. Er wird zwar von ersten grauen Fäden durchzogen, doch die Ponys von Miezes guter Hausfee erreichten die dunklen Brauen. Ihre ebenso dunklen Augen leuchteten schelmisch und das Gesicht mit der Stupsnase zeigte stets ein freundliches Lächeln. Nur einmal blickte sie ernst drein, fast schulmeisterlich ernst: »Warum fällt dem Eukalyptus die Rinde ab?«, hatte ich sie gefragt. »Jeder Baum wächst und bekommt ein neues Kleid, genau wie der Mensch!«, antwortete sie, weil sie es von ihren Vorfahren wusste. Dass auch Indianer irren können, das habe ich verschwiegen. Dafür hat sie uns immer wieder mit ihrer Kochkunst erfreut. Seit ich ihre Empanada gegessen habe, Maultaschen mit Fleisch oder Käse, ziehe ich beim Hamburger die Stirn in Falten.

Auch nach diesen Tagen wurden wir wieder rundum eingeladen und waren bald ausgebucht. Elisabeth und Gertchen, Hans' Bruder und seine Frau, eröffneten den Reigen. Onze nennen sie das, vom etwas späteren Kaffee zum frühen Abendessen, dem kaum ein Ende gesetzt war.

Es stand noch immer etwas zu essen auf dem Tisch. Gert hatte seinen Humor nicht verloren. Trotz beginnender Schüttellähmung brachte er noch immer andere zum Lachen. Wir haben ihn bewundert. Ruth und Heinz Britzmann, der Mann am Klavier. Nach dem Essen saßen wir im Garten, der Wein umrankte die Stützen der Pergola. Heinz musste sich wegen seines Herzens schonen, doch er befand sich auf dem Weg der Besserung. Er wird bald wieder an seiner Staffelei sitzen und malen. Hilde und Gert Neubauer haben liebe, aber auch lebhafte Enkel. Zunächst überraschten uns die Großeltern, einschließlich der lieben Urgroßmutter, mit einer festlichen Tafel. Dann waren Nicola und Ainar an der Reihe – Swimmingpool. Wer hat da wohl angefangen? Und nach jedem Bad genossen wir, erfrischt und etwas erschöpft, eine Gastfreundschaft, von der wir vorher nur eine recht unvollkommene Vorstellung besaßen. Unter dem weiten und dichten Laubdach der Pergola, wo Wein und Zitronen herabhingen, lächelte Hilde ständig und war immer bereit, Mieze bei den Telefonaten wegen unserer Koffer zu helfen. Bald hieß es dann: »Der Fall ist inzwischen weltweit bekannt!« Beim Bastler Gert gab es manches zu sehen: eine Warnanlage vor Radarkontrollen wie für das Grundstück. Den Wintergarten im ersten Stock hatte er selbst angebaut. Von hier sah er über das Grün mehrerer Gärten, hier stand ein Käfig mit einem fluguntüchtigen Vogel. Eines Tages war er verschwunden. Konnte er doch fliegen, oder hatte die Katze ihn geholt? Irmchen blieb auch nach Edgars Tod nicht allein. Ihre beiden Töchter umsorgten sie liebevoll. Alice wird künftig Vaters Peugeot fahren und ihren kleinen Fiat verkaufen. Wie angenehm für sie. In dem

Wagen wird sie mehr Platz haben. Wie war sie, bei ihrer Größe, mit dem Kleinwagen zurechtgekommen? Hinter dem Haus rankt der Wein, reifen Zitronen und Mandeln, nur eine Hütte steht leer. Nach Edgars Tod hatte der Hund nicht mehr gefressen. Er starb wenige Tage nach seinem Herrn. Regina und Victor hatten Besuch. Reginas Eltern waren aus Berlin gekommen, um Benjamin, ihren jüngsten Enkel, zu sehen. Und das im eigenen Haus. Die zielstrebige Arbeit unserer jungen Freunde hatte Früchte getragen. Bei Ankunft der Eltern war das Haus gerade bezogen worden. Als Reginas Mutter ihren Geburtstag feierte, blühte schon der Männertreu im Garten, und die ersten Rasenspitzen schoben ihr zartes Grün aus der Erde. Es gab Glückwünsche auch für Mieze und Hans. Zum Abend bat Victor in ein Restaurant. Es soll wunderbar gewesen sein. Jeder konnte essen, so viel er wollte, nur ich nicht; mich hatte die »Chilenische« erwischt. Für einen Tag gab ich mich wie ein Wolfsburger – er läuft und läuft und … Nach meiner Genesung fuhren Hilde und Gert mit uns ins Maipo-Tal, in der näheren Umgebung Santiagos. Hier führen der Maipo und der Colorado ihre Wasser zusammen, um im Sommer nicht gänzlich auszutrocknen. Fast alle Berge sind vulkanischen Ursprungs. Auch die höchsten tragen im Sommer mit 2 500 Metern nur selten einen weißen Gipfel; wo sollte das Tauwasser herkommen? Das Tal überraschte uns jedoch mit einer unerwarteten, wechselhaften Schönheit und großer Fruchtbarkeit. Hier besaßen Hildes Verwandte ein Restaurant: deutsche Küche, chilenischer Wein, rot und herb. Liegestühle standen, wie überall üblich, unter einem dichten Laubdach. So ist die Welt (wieder) in Ordnung! Pause! – Schließlich versetzt das Schreiben mich wieder nach Chile, und die Flasche ist noch immer nicht leer! -

Marisols Geburtstag: Es war ein Familientag, denn wieder kamen alle Generationen zusammen. Erst am nächsten Tag konnte das siebenjährige Geburtstagskind mit den Freunden aus der Nachbarschaft herumtollen. Es könnten etwa zwanzig Kinder gewesen sein. Marisol, die wir aus den Berliner Tagen der Familie noch als Kleinkind in Erinnerung hatten, war ein liebes Mädchen. Als man mir Raquel, die Jüngste, auf den Schoß setzte, dachte ich ein »Opa auf Probe« zu sein. Ob ich meine Prüfung bestanden habe, das mögen andere beurteilen. Margarita und Wolfgang Stein hatten wir erst vor acht Wochen in Berlin kennen gelernt. In Santiago besuchten wir ein chinesisches Restaurant. »Ich esse keine Muscheln«, beteuerte meine liebe Frau, der ich mich sofort anschloss. Wolfgang reagierte gentlemanlike: Sechs Personen bestellten sechs Gerichte. Nach einer Vorspeise standen die Herrlichkeiten auf einer drehbaren Platte in der Tischmitte. Wollte man alle Namen nennen, müsste man chinesisch sprechen. Jeder nahm von jedem, kostete hier und lobte dort. »Das waren Muscheln?«, fragten wir hinterher und waren erstaunt. »Sie werden nicht immer und nicht überall mit der Schale serviert«, erklärte Wolfgang und riet, diese noch »angezogene« Delikatesse eine Klappermuschel zu nennen. »Es waren sechs schöne Stunden, liebe Maggi, lieber Wolfgang, denen ihr noch viele hinzugesetzt habt.« -

Als wir in der Altstadt Santiagos spazieren gingen, schien sie mir nicht sehr südamerikanisch. Die alten Bauten aus dem vorigen Jahrhundert sowie das dichte Leben und Treiben erinnerten an das alte Berlin. Die Fußgängerzone in der Ahumada schien die Friedrichstraße ohne Fahrzeuge zu sein. Die Moneda trat an die Stelle der Leipziger Straße, vom Döhnhoff bis zum Potsdamer Platz, jedoch als Einbahnstraße wie ihr chilenisches Vorbild. Aber keinen Platz, keine Straße durchschnitt eine Mauer. Dafür leuchteten ihre Lampen in zartem Grün, mal heller, mal dunkler. Wann wird unser Berlin wieder wie Santiago sein? Natürlich interessierten mich die Zeitungsläden. Bis vor wenigen Wochen hatte ich selbst gescherzt, nur für Datum und Preis garantieren zu können. Von den Kiosken blieb meist nur ein kleines Fenster offen, alles war mit Zeitungen bedeckt. Ich fand die »Fortune Mapocho« der Kommunisten, die »Times«, »Cosmopolitan«, »Frankfurter Allgemeine« und »Frankfurter Rundschau« – in Santiago! Als ich filmte, erschreckte mich ein schriller Pfiff. Verboten, weil der Regierungssitz sich in der Nähe befand? Den habe ich sogar in Moskau gefilmt! Nein, nichts dergleichen; ein Polizist hatte einen Schulbus gestoppt, der achtlos an einer Gruppe von Schülern vorbeigefahren war, obwohl sie in Schulkleidung am Straßenrand gestanden haben. Die Buslinien befanden sich in privater Hand, und Schüler fuhren hier gratis. Wegen des starken Verkehrs sind wir auch mit der U-Bahn gefahren. Alle Züge und Stationen waren blitzsauber, beschichtete Räder rollten leise, nur der Luftzug kündigte den Zug an.

Der November näherte sich dem Ende. Was wird aus der Adventszeit und Weihnachten ohne Tannengrün? Es war alles vorhanden. Engel aus indianischem Kunstgewerbe standen um die erste Kerze, der erste Stollen wurde angeschnitten, die herzliche Stimmung glich der vom Nikolaus-Tag vor acht Jahren in Berlin. Und ich hatte notiert: Wenn diese Zeilen getippt werden, dann sind diese Tage längst vorbei, doch ich wünsche allen Menschen die Freude, die wir in diesen Tagen empfunden haben. Nach einem nächtlichen Regen strahlten die Berge weiß, ihre Gipfel standen wie gepuderte Windbeutel im Bild. Zwei Tage später war der Schnee getaut; ohne jeglichen Unterschied ging der Dunst der Stadt wieder in den Himmel über. Wo endete die Erde, wo begann der Himmel? Nur der Buckel des 5.000 Meter hohen Plomo schwamm uferlos wie eine Fata Morgana inmitten dieses grauen Nichts, das weder Unterbrechung noch Übergang zeigte. In diesen Tagen hatte unsere Freundin Inge Neubauer Geburtstag. Sie feierte bei Tochter und Schwiegersohn, die am Hang der Berge ein Haus in einer herrlichen Gartenanlage besaßen. Der Blick ging über die ganze Stadt. Ein Blütenmeer umrankte einen offenen Pavillon, daneben befand sich der Swimmingpool. Inge war glücklich und alle Gäste mit ihr. Seit Tagen war Hans damit beschäftigt, eine Reise in den Süden vorzubereiten, dorthin, wo Chile am schönsten ist. Etwa 400 Kilometer werden wir mit dem Bus fahren, der Wagen kommt mit der Bahn nach. Wir suchten ein Beisammensein, ohne uns mit dem Fahren zu strapazieren. Ob das Wetter im Süden mitmachte? Dort regnete es öfter als in der Landesmitte. Doch die Sonne schien vom ersten Tag an. Und was sagt Storm dazu?

»Die blauen Tage brechen an, Und ehe sie verfließen, Wir wollen sie, mein wackrer Freund, genießen, ja genießen!«

Am dritten Dezember verließ unser Reisebus Santiago. Liegesitze, Fernsehen, Radio, ein warmes Essen in drei Gängen, das hielt internationalen Vergleichen stand. Aus

meinem weichen Polster sah ich zum Fenster hinaus;
weiße Mauern strahlten im Abendlicht. In acht Stunden,
gegen Morgen also, werden wir Temuco erreichen, wo
Hans seinen Wagen wieder in Empfang nimmt. Nach
dieser Nachtfahrt legten wir zunächst ein paar Ruhe-
stunden ein. Am Nachmittag bummelten wir durch die
Stadt, telefonierten mit Elisabeth: »Wie geht's Gertchen?«
Danach gab es folgenden Dialog: »Wie viele Einwohner
hat die Stadt, etwa fünfzigtausend?«, fragte Hans, der
Temuco vor fünfzig Jahren als Vertreter besucht hatte.
»Zweihundertfünfzigtausend«, wurde er sofort berichtigt.
Nach Santiago war Temuco die am schnellsten wachsende
Stadt Chiles. Als wir uns beide weiter erstaunt und ungläubig zeigten, arrangierte Hans für den Nachmittag eine
Rundfahrt mit dem Taxi. Von einem Berg aus sahen wir
die Stadt idyllisch zwischen zwei sanften Hügeln liegen.
Der Mann am Steuer fühlte sich gefordert, stolz zeigte er
den deutschen Gästen das Schwimmbad; eines der größten und modernsten Südamerikas! Die Leiterin bat um
eine Eintragung in das Gästebuch. Hans erledigte das mit
gestochener Schrift. Dann hab ich ihn gefragt: »Wie groß
ist die nächste Stadt?« »Noch größer«, blinzelte er.
 Die Weiterfahrt wuchs zum besonderen Erlebnis. Der
Wagen rollte und verschlang das schwarze Band des As-
phalts unter sich, es kam mir vor, als hätten wir gerade
die Kontrolle bei Hirschberg passiert, wo das wahre Ur-
laubsgefühl eingesperrter Berliner erst begann. Aber das
galt für die Strecke Berlin-Nürnberg, nicht für diese, die
Panamericana, die Traumstraße der Welt, die von Alaska
bis in den chilenischen Süden führt. Das letzte Stück der
großen weiten Welt lag vor uns. Dazu eine Landschaft,

deren Charakter der unseren vor 150 Jahren, zur Zeit der Romantik glich: Grüne Wiesen leuchteten weit, tausende Margeriten färbten sie oft fast weiß. Schlanke Pappeln standen einzeln oder in gerader Allee, fuchsienfarbene Blüten leuchteten in endloser Reihe am Straßenrand. Riesige Eukalyptusbäume beherrschten das Bild, sie erreichten die Höhe einer Dorfkirche. Während die Rinde in Fetzen an geraden Stämmen hing, schob die Krone die Äste als Büschel in den Himmel. Auch deutsche Siedler fühlten sich hier wohl – vor 150 Jahren, zur Zeit der 48er Revolution, haben sie hier eine neue Heimat gefunden. Als wir wohl eine Stunde gemütlich gefahren waren, überraschte uns das Bild des Villarica-Vulkans. Gleichschenklig, geometrisch exakt wie der Fudschijama, schien er fern und dennoch mitten in der Straße zu stehen. Auch ein heiliger Berg? Der Gipfelschnee verlor sich auf halber Höhe, wo sich die Rinnen alter Lavaströme hochzogen. Hier werden die meisten Besucher zur Kamera gegriffen haben, um das unvergessliche Bild festzuhalten.

In Pucon, am Villarica-See, stiegen wir in einem Luxushotel ab. Die gemeinsame Reisekasse hatte uns nicht übermütig gemacht, aber hier hatte Hans seiner Mutter einmal eine junge Dame vorgestellt – Mieze. Gewiss hat die alte Dame zugenickt. Was sollte sie machen? 's war schon immer so, schon immer so. Deshalb also wohnten wir in diesem Hotel und tranken eine Flasche Wein. Jede Ehe hat einen Anfang. Für Ruth und mich hatte es Gleiches gegeben. Was bot der Blick aus dem Zimmer oder von der Terrasse: Links lag erkaltete Lava. Ihre Ströme waren im Wasser zu Zungen erstarrt. Und das andere Ufer? Ein Stück vom Bodensee, ein Stück vom Königsee?

Aber was mach ich jetzt? Verstand man die Chilenen besser, wenn man ihr Land in das Bild der eigenen Heimat presste? Es war ein anderer Erdteil, die Heimat einfacher, freundlicher Menschen. Aber auch dieser Vulkan deutete mit weißer Fahne auf seine gelegentliche Gefährlichkeit hin. Hans fuhr mit uns bis an die Schneegrenze. Wir staunten über breite Straßen, die Lavamassen in den Wald und in die Erde gebrannt hatten. Gräben erforderten Brücken und verkohlte Stämme der in der Hitze abgestorbenen Baumriesen standen senkrecht wie Tote im Bild. Nach drei Tagen sind wir weitergefahren. Immer häufiger leuchtete es wieder gelb. Erst jetzt sagte mir Hans und schmunzelte, was ich kürzlich so bewundert hatte, wäre Ginster, ganz gewöhnlicher Ginster gewesen. Und heute staunte ich nicht nur über gelbe, sondern auch über blaue und weiße Lupinen, während dazwischen immer wieder unzählige Fuchsien aufflammten.

Wir erreichten Valdivia. Wie in Osorno sprachen viele Chilenen hier deutsch. Manches Restaurant und manches Café trug einen deutschen Namen: »Kuchen« heißt Kuchen und im Fenster steht »Christstollen«. Die 100.000 Einwohner zählende Stadt wurde 1960 von einem schweren Beben erschüttert. Es hatte große Schäden gegeben. Selbst das Bett des Calle-Calle, der um einen Teil der Stadt fließt, verlagerte sich. Hans hat wieder richtig gewählt: Wir wohnten gegenüber der Uferstraße und konnten an zwei Tagen den Sonnenuntergang und die Lichter des Abends beobachten. Die Küste lag nicht weit entfernt, Ebbe und Flut zeigten einen sehr unterschiedlichen Wasserstand. Eine Flussfahrt von 30 Kilometern nach Corral an der Küste und zurück überließen wir nicht allein den

Ruderern, die hier ihr Zentrum hatten. Ein Schiff, auf dem auch deutsch gesprochen wurde, schipperte an einer reizvollen, aber sehr unterschiedlichen Naturkulisse, wie an den Ruinen von zwei spanischen Festungen vorbei, die Valdivia vor Piraten zu schützen hatten. Brautleute nehmen diese Fahrt gern in das Programm ihres Tages auf. Sechs Paare befanden sich an Bord. Vielleicht war das der Grund für die vortreffliche Bordküche, deren Speisen im Preis enthalten waren. Als vierter Ort stand Puerto Varas am Llanquihui-See, mit 887 km², der größte See Chiles, im Programm (Bodensee 528 km²). Das Bild beherrschte der 2.260 m hohe Osorno, auch ein Fudschijama und der meist fotografierte Berg Amerikas. Wir vertrieben uns die Zeit mit einem Ausflug nach Frutillar und Puerto Montt, das noch immer 1.700 km nördlich von Kap Horn liegt. In beiden Orten fanden wir deutsche Restaurants mit einem Plakat der Lufthansa und dem Schloss Charlottenburg in Berlin. Beide Städte besaßen einen deutschen Verein und eine deutsche Schule. Im Restaurant von Puerto Varas glaubt man im Bayern zu sein, eine blau-weiße Bierstube fehlt nicht, und im deutschen Verein von Puerto Octay reicht das Schnitzel weit über den Tellerrand hinaus.

Dann ging es weiter auf die große Insel des Südens, nach Chiloe. Hans trat aufs Pedal, die Nadel zitterte hoch, er kannte die Zeiten der Fähren. Er hupte, hupte noch einmal und immer wieder. Mein Gott, was hupt er? Kann denn der Fährmann ihn schon hören? Fünf Minuten vor der Zeit rollten wir über die Rampe. »Warum ich gehupt habe? Es hätte doch jemand aus den Seitenstraßen …, bei dem Tempo!« Hans hatte Recht. Wer in Chile fleißig hupt, der fährt sicher. Sicher setzten wir dann nach Ancud über. Eine Fähre besitzt Vorteile im Vergleich zur Brücke. Man hat etwas Zeit, sich aufs andere Ufer einzustellen. Chiloe bot sich als ein besonderer Teil Chiles an. Das Stammland der Kartoffel wechselte noch öfter das Bild. Die Menschen, Bauern, Schäfer und Fischer wurden deutlich von ihrer Heimat geprägt, ohne in ein Abseits zu geraten. Die Folklore, die Musik wiesen spanische, indianische und polynesische Motive auf. Vorerst überzeugte uns jedoch die gute Straße. Wir befanden uns nicht am »Arm« der Welt, eher auf der jüngsten Strecke der Panamericana. Ihr Asphalt führte uns durch ein Hügelland mit einem urwaldähnlichen Mischwald, um nach etwa fünfzig Kilometern sehr schnell in eingeteiltes Weide- oder Ackerland zu wechseln. An der Straße leuchteten wieder kilometerweit alle Farben des Ginsters. Hochwald zeigte Spuren von Bränden und Brandrodungen. Verkohlte Stammruinen, bizarres Geäst hob sich gespenstisch vom grauen Himmel ab, doch die Asche befruchtet den Setzling. Gute zehn Kilometer vor der Hauptstadt Castro endete die raue noch weniger berührte Natur. Das Bild zeigte die kultivierte Landschaft, die uns staunen ließ. Auf satten Wiesen grasten Viehherden. Neben schlanken Pappeln stellten Eukalyptus-Riesen ihr filigranes Dach von einem halben Dutzend Schirmen auf – und alles gab der Landschaft den kaum bekannten Reiz. Die Felder trennte kein Rain; Buschhecken, Baumreihen oder Steinwälle zeigten die Grenze an. Die Hauptstadt Castro liegt fast in der Mitte Chiloes, an einem von Süden tief ins Land greifenden Fjord. Die dreihundertjährige Geschichte erkannten wir schnell an der Plaza de Armas, den alten Kanonen, die dort als Souvenirs der Geschichte standen. Doch das Angebot an Waren in dieser etwas entlegenen Stadt war unerwartet groß, von Uhren und Schmuck bis zu Sportartikeln, wo mit Steffi Graf und Boris Becker geworben wurde. Die Schönheit des chilenischen Südens und der stillen Landschaft Chiloes kann man mit Worten kaum sichtbar machen. Man muss sie gesehen haben, sie gehört zu der Welt, in der wir leben, »La terra in qui vivimos«, um mit dem Titel eines Kulturfilms zu sprechen, der fast ausschließlich durch seine Bilder sprach. Der Pazifik und die Anden, seine Vulkane, seine Wüste wie der Süden machen Chiloe nicht zu einer besonderen Welt, wohl aber zeigte das Land mir eine besondere Art des Lebens, wie es war, wie es ist und wohl immer bleiben wird. Diese Insel, so schien es mir, hat die Aufgabe, ein ehrliches, ein wahres Bild zu vermitteln. Deshalb gilt es für mich seither, ein besonderer Teil eines besonderen Landes zu sein. Wieder in Puerto Varas gestattete das Wetter keinen Blick über den See auf den Osorno. Wir entschädigten uns mit einem Ausflug an die zerlappte Küste bei Ralun. Auf der Fahrt bewunderten wir die »Laguna verte«. Algen färbten das Wasser grün, und eine Foto-Safari führte uns an die Wasserfälle von Petrohue. Am nächsten Tag haben wir den Wagen in Osorno verladen. Mit einem Bummel durch die Stadt nahmen wir Abschied vom chilenischen Süden, nachdem Hans noch einen Kunden aus seiner chilenischen Anfangszeit besucht hatte. Obwohl am vorangegangenen Tag ein Zug durch eine Bombe verunglückt war, verließ unser Zug pünktlich den Bahnhof. Wir hatten zwei Abteile im Schlafwagen, Baujahr 1930, Made in Germany. Er lief und lief und lief, manchmal jedoch schaukelte er leicht, aber er war sauber, und es machte uns Vergnügen, gerade mit einem Oldtimer zu reisen. Spötter meinten: »Das Blumenpflücken während der Fahrt ist verboten!« Und wir schoben unsere Bedenken beiseite: Bomben an zwei Tagen nacheinander? Das schien höchst unwahrscheinlich. Und gerade das war ein Irrtum. In der Nacht standen wir vier Stunden in Temuco. Erst am Morgen erfuhren wir von einer neuen, jedoch rechtzeitig entdeckten Schienensprengung! Freiheitskampf oder Terrorismus? Es ging leider nicht ganz ohne Politik. Wenn uns nun etwas …, hätte man von einem Autounfall gesprochen? An zwei Tagen gab es insgesamt zehn Anschläge, ein Kind verlor beide Hände und später auch das Augenlicht! Ein Karton erwies sich als Bombe, aber das Kind war ein Kind! Das Glück befand sich auf unserer Seite. Der nächtliche Aufenthalt verschob unsere Ankunft vom Morgen in die Mittagszeit. Dadurch sahen wir, was uns in der nächtlichen Busfahrt verborgen geblieben war: das fruchtbare Tal zwischen den Anden und den Küstenkordilleren. Wir bestaunten Reis- und Maisfelder, fanden fast alle Getreidesorten, und immer wieder fielen uns Pappeln und die Kronen des Eukalyptus auf. Brachland sahen wir sehr selten, bis nur noch Buschwerk oder Kakteen auf rostbraunen Hügeln das grüne Bild unterbrachen. Riesige Obstplantagen, Pfirsiche, Aprikosen, Tomaten und Kirschen zogen vorbei. Die alte Lok, die alten Gleise zwangen, langsam zu fahren. Stellenweise hätte man mitlaufen können. Vor Santiago dominierte der in unendlichen Reihen stehende Wein. Wer sollte ihn trinken in diesen unwahrscheinlichen Mengen?

Endlich waren die Koffer angekommen. Monica hatte sie abgeholt, als wir uns noch im Süden befanden. Sie kamen aus Lima. Für Südamerika keine große Entfernung! Nach fünf Wochen! Wie intensiv man wohl in diesem weltweit bekannten Fall gesucht hat? Ein Koffer war geplündert worden: Medikamente, ein Kleid, ein Paar Schuhe geklaut, der Rahmen verbogen, zwei Löcher eingeschlitzt. Nach einem ermüdenden, fast unendlichen Hin und Her sagte man eine Entschädigung zu, der Scheck sei ausgeschrieben. Als Mieze ihn abholen wollte, hatte die Air France ihn zurückgezogen: Noch beim Empfang sei ein Übergewicht vorhanden gewesen! Hatte man den Koffer aufgebrochen, um etwas reinzulegen? Man wollte uns also nicht entschädigen und das bei einem Flugpreis von mehr als 6.000 DM.

Inzwischen war die zweite Halbzeit unseres Aufenthaltes in Chile gekommen. Die erste Hälfte war schnell vergangen. Es schien uns fast unwahrscheinlich, schon sechs Wochen bei Freunden Gast zu sein. Die vielen Erlebnisse, das Liebenswerte der Menschen hatten unser Empfinden für die Zeit beeinträchtigt. Hans weckte uns jeden Morgen mit dem Geruch von frischem Kaffee und Toast, der durch die Wohnung zog. Immer wieder fragte ich mich: Warum tun er und die Seinen das? Was haben sie erlebt und durchmachen müssen, um mir so zu antworten? Unser Freund blieb dabei stets pünktlich, es gelang selbst Ruth nur selten, ihn zu überrunden, und ich besaß zu der Stunde noch eine dunkle Stimme und fast taube Ohren, doch der gute Kaffee vertrieb den letzten Schlaf. In den Hotels goss die Bedienung heißes Wasser auf Nescafé. Das kam bei Mieze und Hans nicht in Frage. Und die kleine Rosita, Miezes gute Hausfee, muss erwähnt werden. Ein kleiner Putzteufel, der Hans manches Mal zum Kopfschütteln veranlasste. Sie war fleißig wie eine Biene, wartete fast auf jedes zu waschende Wäschestück, bügelte alle Unterwäsche und war nicht kleinlich, auch einer Unterhose eine Falte zu verpassen. Sie war ein so lieber Mensch, den wir nicht vergessen werden. Inge Neubauer besaß eine sehr schöne Wohnung, in der sie uns zur »Marillenknödel-Party« einlud, auch die Canasta-Damen aus Berlin hätten mitessen können. Aber wo waren sie? Wenn man die Frauen mal braucht. – Das sind hier nur wenige Zeilen, hinter denen aber viele schöne Stunden stehen, und wenn es nur eine einzige wäre, sollte sie nicht vergessen sein.

Der Heilige Abend krönte unsere Tage in Santiago. Ein kleiner Weihnachtsbaum steckte mit allen Wurzeln in einem Topf. Er sollte überleben. Leider blieben die Gipfel der Anden, mit Ausnahme des Plomo, an diesem Tag ohne weißen Gipfel – weil es nicht geregnet hatte. Aber dort oben blieb es Winter, während der Sommer im Tal schon im November Einzug gehalten hatte, 33 Grad meldete der Wetterbericht. Unser Bäumchen brannte schon, als wir am Nachmittag mit der Oma am Kaffeetisch saßen. Heute bei Regina und Victor. Und diese Gemeinschaft zählte uns voll mit. Es war ein besonderes Gefühl, die Freude aller zu sehen, von den Enkeln bis hin zur Urgroßmutter. Menschen, die so gar keinen Unterschied machten. Auch die Nächstenliebe ist unteilbar. Von der Terrasse aus sahen wir die Lichter des Stadtteils Las Condes. Daniel saß auf meinem Schoß und tat, als zählte er die Sterne. Die Luft war rein, der Himmel klar – wie der über Bethlehem.

Silvester saßen alle Senioren bei Hilde und Gert Neubauer unter der Pergola. Nach guter Einteilung brachte jeder »etwas« mit und zur Feier fehlte nichts. Auch nicht an Gästen: Ruth und Paulo Josel aus Sao Paulo, Tutti Mannheim aus Toronto und zwei Berliner. Grüße kamen und gingen in viele Länder zwischen Chile und Israel. Heinz Britzmann spielte Akkordeon, wenn die Kassetten schwiegen, und es war nicht nötig, ein Hellseher zu sein: In zwölf Monaten und allen weiteren Jahren werde ich an diese Tage in Santiago denken. Paulo fühlte sich in Chile vom ersten Tag an high and happy, doch er verglich wehmütig: »Bei uns geht alles kaputt, das Geld, die Wirtschaft; nur die Kriminalität, die blüht. Aber ich liebe dieses Land, ich liebe Brasilien. Es ist meine zweite Heimat! Es ist das Land, das mich einmal aufgenommen, das mich gerettet hat!« – Recht hat unser achtzigjähriger Freund, der bei seinen Worten feuchte Augen bekommen hat. Und unsere Freunde in Chile? Haben wir uns einmal in ihre Lage versetzt? Sorgen sie sich wieder um das deutsche Urteil?

Gert Neubauer hatte eine gute Idee. Santiago wuchs und ging auf die fünf Millionen zu. An allen Ecken wurde gebaut. Vorrangig schienen es Siedlungen für Arbeiter zu sein. Gert kannte Familien, die in einer solchen Siedlung wohnten. Er machte uns bekannt. Die Häuser waren klein, aber fein für Südamerika. Ich habe gestaunt über das, was ich sah und filmen durfte: ein Grundstück mit Garten, das Haus, zwei Zimmer, Küche und Bad. Die Finanzierung: ein Drittel ist eigenes Kapital, ein Drittel gibt der Staat … fonds perdu und ein Drittel kommt langfristig und zinsgünstig von der Bank. Die Leute dürfen umbauen und vergrößern. Der San Christobal stand fast mitten in der Stadt, die um ihn herumgewachsen war. Leider ließ der Smog oft keine gute Sicht zu. Wir hatten Pech, hätten es aber wissen können. Gerhart fuhr eines Abends mit Ruth und Paulo sowie mit uns hinauf. Wir sahen die Ausdehnung der Stadt in alle vier Himmelsrichtungen; mancher Stadtteil bestand nur aus Einfamilienhäusern. Die Lichter der Hauptstraßen glichen Spinnengliedern, die sich in der Mitte trafen und gelblich leuchteten. Das dünne Licht der Nebenstraßen schimmerte in schwachem Grün. Und jedes Licht machte der Dunst schon in halber Entfernung zum zittrigen Flimmern; doch alles ergab ein Bild, von dem wir uns kaum zu trennen vermochten.

Margarita und Wolfgang Stein – wir lernten uns auf dem Bahnsteig des Bahnhofs Zoo in Berlin kennen – mieteten am dritten Januar zwei Taxen und fuhren nach Valparaiso, der größten Hafenstadt Chiles. Auch diese Stadt wuchs. Mit Vina del Mare und Renaca, dem Lido Mittelchiles, wuchs sie langsam zur Millionenstadt. »Hier sind wir alle einmal angekommen«, hieß es nicht ohne Wehmut in der Stimme. Nachdem wir von einer Anhöhe Stadt und Hafen geknipst hatten, führte Wolfgang uns nach Renaca, wo er ein Restaurant kannte, dessen geschlossene Terrasse wie ein Balkon über Küste und Felsen hinausragte. Ein Platz zwischen Himmel und Meer, betonte die Werbung auf dem Streichholzbrief. Auch dies war ein unvergesslicher Tag. Die echte Herzlichkeit unserer Freunde, die ihrerseits Freude empfanden, uns eine bleibende Erinnerung zu schenken. Ein Prüfer kostete den Wein, sein Schurz erinnerte an einen Küfer und einen Mönch, denn zwischen ihnen, dem Klosterbruder und dem Wein, bestand schon vor Jahrhunderten manch löbliche Gemeinsamkeit. Im Club Providencia waren Ruth und Paulo unsere Gastgeber. Der Club war eine großzügige Anlage für alle Sportmöglichkeiten. Nur für Mitglieder, das klang zwar etwas feudal, doch der Beitrag war gering. Die Kinder einer Schulklasse tobten herum, einige erhielten ihren ersten Schwimmunterricht. Gleiche Bilder gab es im Club Israel, in dem Irmchen und Alice Frank uns zum Essen baten, um uns danach das romantische Arajan-Tal zu zeigen.

Eine Woche in Santo Domingo stand noch auf dem Programm des Januars. Da sahen wir es wieder, das uns schon vertraut gewordene Bild des marmorierten Schaumteppichs der Küste. Möwen suchten mit leichten Flügelschlägen den Aufwind. Pelikane trugen ihre schweren Schnäbel auf gebogenem Hals und flogen dicht über den Wellen schwerfällig dahin. Nach dem Sonnenuntergang standen die Pinien wieder als Scherenschnitt im letzten Licht des Tages, und das Ende glich dem Anfang, doch um eine Frage reicher: War es nur ein Urlaub, nur eine Reise …?

Nach Gabys letzten Empanadas gab es eine letzte Begegnung mit dem Pazifik. Hilde und Gert unternahmen einen Ausflug in ein weiteres Kleinod: Zapallar. Die felsige Küste mit ihrer tobenden Brandung bot uns ein unvergessliches Bild. Die Chilenen lagen in der Sonne, aber ich wollte hier baden. Also zog ich mich schnell um und rein. Schon die erste Welle zeigte mir ein bis dahin unbekanntes Gefühl. Der Sog erfasste mich stärker, als es mir lieb war. Ich tauchte in die zweite, da geschah es: Die stramme Dame zog mir die Hose in die Knie. Ich nahm die Beine zusammen und griff mit einer Hand nach. Meine Standfestigkeit war damit der Dame und dem folgenden Herren, dem Sog, nicht mehr gewachsen. Ich trieb der nächsten Welle entgegen, vollführte eine Rolle rückwärts und anschließend eine vorwärts. Turnvater Jahn hätte seine Freude gehabt. Ich hingegen hielt, inzwischen gänzlich ohne Hose, das Kleidungsstück mit dem schwachen Gummi hoch. Bei meinen rollenden Bewegungen musste ein Arm, ein Bein oder sonst etwas aus dem Wasser gesehen haben. Ein junger Mann kam mir zu Hilfe, reichte mir die Hand; die nächste Welle trennte uns wieder, am Strand dachte man schon an einen echten Notfall, was er durch meine Hose auch war. Noch ein junger Mann kam hinzu. Ich hörte sie amerikanisch knödeln. »You American?«, fragte ich den großen, blonden Rugbyboy, der einen Football mit seinen Pranken zum echten Fußball rund drücken konnte. »No!«, antwortete er kurz. »British?«, fragte ich, als er mich festhielt. Schon nannte ich mich einen Esel und fühlte mich unmutig, mit meinem Schulenglisch eine Konversation zu beginnen. Bei allen Menschen kommt zuerst die Muttermilch und dann die Sprache. So klärte ich ihn kurz und ohne Dictionary auf, hielt ihm meine Hose unter die Nase und brüllte ins Wellengetöse: »Look here! That's my trouble!« Er kniff die Augen zu, blies die Backen zu Bällen auf wie der seelige Satchmo in seiner besten Zeit und lachte frei heraus. Er winkte um ein Handtuch. Einige Sekunden danach blieb mir nur der Ausweg, mit Hilde und Gert sowie den anderen Beobachtern am Strand geschmunzelt zu haben. Die ganze Szene hatte kaum eine Minute gedauert, doch sie war ernst, aber Humor ist, wenn man trotzdem lacht. Auch über sich selbst. Meine Filme trug ich im Handgepäck. Gert besaß einen Projektor, die Vorstellung fand im Garten von Zahira und Dietrich statt. Alle Freunde waren anwesend und begleiteten uns zu einer Ruderregatta nach Moskau. Danach stiegen sie mit mir in die Allgäuer Berge. Sie folgten allen Aufnahmen mit besonderer Aufmerksamkeit. Es machte auch mir Freude, ihnen in Chile meine Touren vorzuführen. Jahuel, der letzte klangvolle chilenische Name, befand sich in 1.200 Metern Höhe und 180 Kilometer nördlich von Santiago. Das abseits gelegene Hotel hing wie ein Schwalbennest an den Ausläufern der Anden. Von der Terrasse übersah man das fruchtbare Tal bis zu den Küstenkordilleren. Seitentäler liefen ein, links leuchtete eine Höhe kupferfarben. Hier standen Büsche und Kakteen, dort Pappeln und Eukalyptus; die abgefallene Rinde häufte sich am Fuß der Stämme. Die Hotelanlage besaß einen eigenen Park, der fast überall kühlen Schatten spendete. Ein Schwimmbecken wurde von einer Thermalquelle gefüllt; ein Schild wies auf den Besuch Charles Darwins hin. Hier fanden wir, was wir zum Abschied noch einmal suchten, uns selbst. Jede Stunde galt es zu genießen, denn wer wusste, ob uns solche Tage noch einmal geschenkt werden? Margarita und Wolfgang Stein zogen um. Wer wüsste nicht, wie es dabei zugeht, und wenn man nur ins Nebenhaus zieht?

Der letzte große Tag stieg im »Rodizio«. Ruth und ich hatten alle Freunde zum Essen eingeladen; wir wollten uns revanchieren, so gut es uns möglich war. Schon bei der Ankunft wurde jeder fotografiert. In einem separaten kleinen Innenraum war die Tafel gedeckt: Es standen ein halbes Dutzend Salate bereit, drei Sorten Fleisch und

Würste wurden am Spieß gereicht, immer jenes Stück, in das der Gast seine Gabel gesteckt hat. Und jeder konnte so viel essen, wie er wollte, auch wenn er drei Tage vorher gefastet hatte. Trotz des bevorstehenden Abschieds waren wir eine fröhliche Runde. Mit ein paar Worten versuchte ich Dank zu sagen für alles, was wir in den drei Monaten empfangen haben. Mein Schlusswort: »… es gibt nicht nur das Heimweh nach dem Kurfürstendamm. Wir werden oft an Chile und an euch, an unsere Freunde hier denken.« Heinz Britzmann, dessen Aquarelle ihren Ehrenplatz bekommen haben, und Wolfgang Stein sprachen kurz und drückten Ähnliches aus. Hans verpackte seine Worte in Humor: »Euer Besuch stellt einen Superlativ dar. Noch nie blieb einer drei Monate, noch nie haben wir in drei Monaten so viel Kaffee und Kuchen essen müssen …«
»Einspruch, lieber Hans. Ihr alle seid superlativ gewesen! Mieze und du, von euch kam doch die Einladung, euch haben wir sie zu verdanken. Für einen so weiten Flug braucht man mehr als ein Ticket, man braucht Freunde in der Welt; Herzlichkeit und Gastfreundschaft, die eure wie die eurer Kinder; wir denken an Victors Einladung ins Bali-Hai, wofür wir ihm noch einmal herzlich danken. Das alles macht euch so schnell keiner nach. Vielleicht muss man dazu ein Chilene sein. Doch das Wichtigste, das ich auch diesen Tagen entnommen habe – wir dürfen uns nie wieder auseinander dividieren lassen!« Die Stunde des Abschieds kam, zu Hause oder auf dem Flugplatz. Als kleines Souvenir gab Ruth jedem die Bilder vom Abend im Rodizio. Nach der Gepäckaufgabe dankten wir noch einmal für die Begleitung zum Flugplatz, die keiner der Anwesenden gescheut hatte. Der Flug nach Buenos Aires,

nach Rio und über den Atlantik lag hinter uns. Auch die zwei »Nebeltage« in Paris, eine Nacht wie ein Fragezeichen auf der Liege, eine in einem Hotel mit nur vier Stunden Schlaf. Die Entfernung zum De-Gaulle-Flughafen glich der von Oranienburg zum Bahnhof Zoo. Paris war übervoll, aber man half: »Bitte, wir können nichts dafür.« »Nein, natürlich nicht.«

Wir fanden keinen französischen, keinen deutschen Nebel, den wir beeinflussen konnten. Ein abgespanntes, aber freundliches Lächeln kam von der anderen Seite. Mein stiller Gedanke: auch zwischen uns keinen neuen Nebel! Nicht wegen der Koffer, Fehler werden auf der ganzen Welt gemacht, was die Reise unseres Gepäcks klar bewiesen hat.

Anflug auf Tegel. Die Gurte klickten, die Landeklappen fuhren aus, das Fahrwerk polterte, ich sah den Funkturm, aber viel mehr bewegte mich ein kurzer Blick nach oben, nach ganz oben: »Herr, die Welt ist schön. Leg ein paar Jahre drauf …« Die Maschine rollte noch, da flüsterte der alte Storm:

»Wohl ist es Herbst; doch warte nur, doch warte nur ein Weilchen! Der Frühling kommt, der Himmel lacht, Es steht die Welt in Veilchen!«

Si vas para Chile

Und kommst du nach Chile,
Ich bitte dich, besuch meine Liebe:
Es ist ein Häuschen schmuck und fein,
Am Hang eines Hügels steht das Heim,
Von Weinranken geschmückt,
Von einem Bächlein beglückt,
Nur eine Trauerweide sie weint, sie weint,
Weil wir nicht miteinander vereint.

Und kommst du nach Chile,
Ich bitte dich, sag dort,
Dass ich vor Sehnsucht vergeh.
Das Dörfchen, Las Condes es heißt
Am Himmel liegt es,
Von Bergen umkreist,
Aufs Tal schaust du von oben,
Den Bach, der es badet,
Den siehst du toben.
Wanderer und Bauern kommen dir entgegen,
Dass in Chile der Gast ein Freund ist,
Du wirst es erleben!

Chilenisches Lied übersetzt von Gerhart Neubauer

California –
Senior Carl and the »land of sunshine«

Eine Briefmarke mit dem Stempel Kaliforniens galt schon in meiner Schulzeit als etwas ganz Besonderes: den Duft der weiten Welt – ohne Peter Stuyvesant. Meine Frau und ich besuchten unseren 88-jährigen Senior Carl und seinen Sohn Steven in San Bruno bei San Francisco. Es regnete bei der Landung und hörte nicht auf. Trotz des Wetters und einer Verspätung lachte Steven uns entgegen, als uns noch die Sperre trennte. Wir kannten Vater und Sohn von zwei Berlin-Besuchen. Steven führte uns zum Wagen, in dem jemand geduldig wartete. Unser Freund Carl. Der verwitwete alte Mann hatte es sich nicht nehmen lassen, uns vom Airport abzuholen. Erst seiner dritten Einladung waren wir gefolgt. Vorgeschoben hatten wir uns nie, uns aber danach herzlich bedankt. Als ich Carl anbot, ihm erst von meiner Jugend zu erzählen, da forderte der alte Mann etwas barsch: »Hör auf! Wer von uns hat in seiner Jugend schon so leben können, wie er's gewollt hat?« Damit wies er eine Anwesende zurück, die neugierig eine spannende Story erwartete. Doch Carl mochte weder Lauscher noch Schwätzer, die nicht den Mut besaßen, selbst zu fragen und später ihr Gerede feige abstritten! Als unser Freund emigrierte, ging er zunächst nach Südafrika. – Wir waren jenem Mann hörig, den wir besser nie gehört, nie gesehen hätten. Da Carl die Politik der Apartheid missfiel, zog er nach Kalifornien. Heute hat er mit seinem Sohn eine Stunde auf uns gewartet. Man denke nach, um das richtig zu beurteilen. Alltäglich ist das auf keinen Fall! »Willkommen bei Carl und Steven.« Das Wort an der Haustür begleitete uns ständig. Dabei kann schlechtes Wetter Abwechslung bringen: andere warteten auf sein Ende, wir fuhren kreuz und quer durch San Francisco, bergauf, bergab, über alle Brücken, zunächst über die »Golden Gate«, die 2,28 Kilometer Länge und ein Alter von sechzig Jahren vorwies. Nach weiteren sechzig Jahren wird sie mit ihren Stützen und den durchhängenden Seilen ebenso eindrucksvoll im Bild der Stadt stehen wie heute. Wir sahen China-Town und Fishermans-Warf. Das Gespann Carl Malden und Michael Douglas begegnete uns leider nicht. Wir aßen hier und dort oder Ruth kochte zu Hause: sehr oft Rote Grütze für Carl. Wir fuhren um die Bay, sahen Sausalito, die Partnerstadt von Vina del Mar in Chile, was uns an unsere Freunde in Santiago erinnerte. Carl fuhr mit uns zum Weinanbau von Nappa-Valley. Kalifornien sandte seine Sonne auf französische Trauben. Wir nahmen teil an einer Bootsfahrt über die Bay. Die Golden Gate sah unten bedrückend düster aus. Auf der Insel »Alcatraz« saßen einmal Al Capone und andere. Wir besuchten das Restaurant »Speckmann«, mit deutscher Küche und deutschen Lebensmitteln, auch flüssigen. Wir füllten ein Formular aus: den Antrag auf die »Bayerische Staatsbürgerschaft« A Gaudi muss halt sein, wann d' Preißen kämma. Kein Tag blieb langweilig. Steven hatte ein paar Tage Urlaub genommen und fuhr mit uns zum Cliffhouse, der windigen Ecke an der Einfahrt zur Bay. Etwas Geduld, und die Erdhörnchen fressen aus der Hand. Danach bewunderten wir das Naturwissenschaftliche Museum. Hier »lebten« alle präparierten Tiere, weil sie in Bildern ihres Lebensraumes standen.

Zum Kennenlernen gab Carl eine kleine Party, einen Berliner Abend mit Bouletten, Würstchen, Kartoffelsalat, Bier oder Wein. Carls wunderbare Nachbarn revanchierten sich auf ihre Art: seinen 89. Geburtstag feierten wir bei Dachauers. Es schien uns nahezu unverständlich, die Menschen am gleichen Tag erst kennen gelernt zu haben. Ihre Unbefangenheit – kein alter Zopf hinderte sie natürlich zu bleiben. Wenn bei Carl eine Sicherung durchbrannte und Steven nicht zu Hause war, dann kam ein Nachbar, ein pensionierter Oberstleutnant der Airforce. Hier erfüllte sich das Wort Goethes: »Wie fruchtbar ist der kleinste Kreis, wenn man ihn wohl zu pflegen weiß.« Es tut gut, unseren Freund in dieser Nachbarschaft zu wissen. Es freute uns, sie kennen gelernt zu haben, doch wir wussten es schon von Freunden, die es vor uns erlebt hatten. Wegen unserer Restmüdigkeit musste Carl an drei Tagen dieselbe Kassette einlegen: »Frisco kit«. Das war kein Western, nur die Erlebnisse eines Mannes, der 1850 von Polen nach San Francisco reiste, um dort das Amt des Rabbiners zu übernehmen. Der äußerst schwierige und lange Weg war mit herrlicher Komik gepflastert, der das Anliegen verdeutlichte und nicht so schnell vergessen ließ. Clubkamerad Gary rief aus Ventura an: »Wenn Sie nur zum Kaffee kommen wollen, dann soll'n Sie's sein lassen.« Das dachten wir natürlich nicht, obwohl das Wetter uns oft befürchten ließ, ein geplantes Vorhaben streichen zu müssen. Endlich trat die Sonne aus der Wolkendecke, wir mieteten einen kleinen Chevrolet für einen Trip zum Yosemite-Nationalpark und zum Lake Tahoe. Verschneit, doch auf gut geräumten Straßen fanden wir den schönsten Naturpark der USA. Um seinen Erhalt hatte ein Mann gekämpft, der bis zum Präsidenten Theodore Roosevelt vorgedrungen war und Erfolg hatte. Ihm hatten wir es zu verdanken, dass uns schon vor Yosemite-Village und dem Camp-Curry ein Wolf über den Weg lief. Er beäugte uns, doch als er erkannte, keinen fressbaren Wegezoll zu erhalten, hielt er mich also nicht für das Rotkäppchen. Er zeigte uns, was bei seinem Enkel, dem Schäferhund, die Rute heißt. Dreimal trafen wir ihn oder Mitglieder seiner Familie. Im Märchen heißt er Isegrim. Man stelle ihm also keinen Honig vor die Tür. Meister Petz, der Grizzly, käme, um einen Anteil zum Schlecken zu verlangen. Ein Waschbär machte Anstalten, sich vor meiner Frau auf sein Hinterteil zu setzen, als bäte er um eine heimliche Gabe. Da verjagten liebe Kinder das putzige kleine Kerlchen. Mir war es nie gelungen, meine liebe Frau so wütend zu sehen. Yosemite ist auf jeden Fall ein Name, den man sich merken sollte: Ein kleiner Fluss von romantischer Schönheit und ungeschminkter Natur schlängelt sich durch das Tal. Wasserfälle rauschen 700 Meter zu Tal. Regenbogen schimmern im Sprühnebel. Die Steilwand des Halfdom zieht sich hoch bis zur runden Kuppe, die Spitzen der Kathedrale stehen wie ewige Wächter an der Schlucht. Im Süden suchten wir die Mammutbäume, auch Sequoia oder Redwood genannt, mit einer Höhe bis zu 100 Metern. Der größte, der Grizzly-Gigant, zählt 3.500 Jahre. Es hat sich gelohnt, zwei Stunden hin und zurück durch gefrorenen Schnee zu stapfen. Über zwanzigmal bin ich gefallen, meistens fand sich jemand, der mir wieder auf die Beine half. Wenn man sich wunderte, so über meinen Stock. Ruth war auf meine ausdrückliche Bitte vorausgegangen. Gleich mir sprach ein Helfer englisch wie ein

Sekundaner. Als wir uns nach einer Stunde auf dem Parkplatz wieder begegneten, da erkannten wir sehr schnell, dass wir Landsleute waren. Wir lachten. So ist es mit der deutschen Vorliebe für fremde Sprachen. Wer erinnert sich nicht der brennenden Landkarte im Titelvorspann der Bonanza-Serie? Es brannte das Land um den Lake Tahoe, wo man Außenaufnahmen gedreht hatte, wo die Cartwrights gebadet hatten. Ihre Farm diente jetzt als Museum. Sie blieb im Winter geschlossen. Nur die Requisiten standen draußen massenhaft herum. Wie eine Perle lag der zu Eis erstarrte See unweit daneben, der uns bei einer Rundfahrt unvergessliche Ausblicke auf das Eis und die Berge bot. In der Woche senkten die Motels ihre Preise um 40 %. Wir bekamen ein herrliches Zimmer mit Ausblick auf den See und die welligen Höhen dahinter. Hier fühlten wir uns sehr wohl. Wir wären ja so gerne noch geblieben, aber der Wagen, der rollt.

Monterey und Carmel wählten wir als nächste Ziele. Besonders Monterey lag herrlich an der Küste und erinnerte liebevoll an den Mann, der es bekannt gemacht hat: an den Nobelpreisträger John Steinbeck. Wir besuchten das kleine Museum in seinem Haus, wo er gelebt und geschrieben hatte. Seine Schreibmaschine, eine Underwood, stand noch am alten Platz. Viele Dinge, die an ihn erinnerten, füllten die Räume. Wer Steinbeck gelesen hat, dem scheint alles so lebendig zu sein, als sei er vor einer Woche noch hier gewesen: Fishermans Warf, die Cannery Row, die »Straße der Sardinen«, deren Typen er mit Worten gemalt und zum Leben erweckt hat. Was er für die kleine Stadt bewirkte, das gab sie ihm durch die Erinnerung zurück. Weiter fanden wir das Aquarium mit einem etwa sechs Meter hohen Bassin. Natürlich, Fische brauchen keinen Fahrstuhl, aber warum fraßen Katzenhaie nicht die Sardinen? Junge Rochen nahmen Kindern Leckerbissen aus der Hand und ließen sich kraulen? Zweimal hab ich hingesehen, zuerst konnte ich es kaum glauben. Aber so geschah es an der Cannery Row. – Nun zum Quartier. Es war Mitte der Woche. »Sie kommen aus Berlin?«, fragte der Wirt, als er meine Eintragung las. »1946 bin ich in Zehlendorf gewesen. ‚Prima‘, so sagt der Berliner. Sie zahlen 10 Dollar weniger!« Und wir dachten, das Motel mit dem Swimmingpool unter Palmen könnte uns zu teuer sein. Die Adresse haben wir sorgfältig notiert. Am Abend ging's mit dem letzten Kutter zum Whale Cruising. Es hatte gerade noch geklappt. Nach zwanzig Minuten Fahrt sahen wir mehrere Buckel, wie's bei Walen so üblich ist. Einer tat uns den Gefallen und blies eine Fontäne hoch, die anderen hatten wohl schon Feierabend gemacht. Von unbeschreiblicher Schönheit zeigte sich am nächsten Vormittag der 17 Miles Drive nach Süden. Die felsige Küstenstraße änderte alle zwei bis drei Kilometer ihr prächtiges Bild. Man muss es sehen, sonst kann man ihre Schönheit nicht beschreiben. Hier die Felsen, dort der Ozean. Die Wellen rauschten heran, selbst bei einem Blick in die Ferne schäumte es weiß den Strand entlang. Feiner Wassernebel verschleierte das Bild nur schwach, doch über allem leuchtete die blaue Ferne. Leider war die Straße wegen eines Erdrutsches und Steinschlags teilweise gesperrt. Wir umfuhren die Sperrung und nahmen wieder Kurs auf die Küste, um keinen Blick und kein Bild zu versäumen.

Über Santa Barbara erreichten wir Marianne und Gary

in Ventura mit dem Bewusstsein, etwas für uns Einmaliges gesehen und erlebt zu haben. Marianne ging es wieder besser, es bestand die Möglichkeit, beide bald in Berlin wiederzusehen. Gary fuhr mit uns nach »Solvang«. Eine dänische Siedlung, in der wir glaubten, in Dänemark zu sein. Der ganze Ort glich einer Puppenstube. So geht's denen, denen Dänen etwas bedeuten. Im Haus der Freunde gab es vieles, was wir nachdenklich betrachteten: die Ahnentafel der Familie, die nicht allein aus Deutschland stammte; für Marianne das Wiener Riesenrad, für Gary das Brandenburger Tor und den Täschner mit Nadel und Faden. Im Hafen vor der Tür lag sein Schiff, der Ozean befand sich nur 200 Meter entfernt. Wir hatten ein Traumhaus gesehen, eine Traumgegend inmitten breiter Palmenalleen.

Wir riefen Colette und Hans an, dem es nach einer Operation auch wieder besser ging. Das war zu merken, denn er verpasste mir eine Zigarre: »Wenn ihr jetzt nach San Diego zu Lisa und Gerd fahrt, dann werdet ihr uns auf dem Rückweg nach Los Angeles in Palos Verdes besuchen! Es wäre euer letzter Tag in den Staaten.« Das klang wie ein Befehl. Schadete nichts, wir wussten, wie er es meinte; Hauptsache blieb, Hans war wieder okay.

Wer Las Vegas bei Nacht gesehen hat, der hält es am Tage für fast ausgestorben. Von hier aus nahmen wir an einem Rundflug teil, der am Grand Canyon für vier Stunden unterbrochen wurde. Es war eine kleine Maschine, ein munterer Lufthüpfer. Zunächst lag der Hoover-Damm unter uns. Seine mächtige Mauer staut den 170 km langen Lake Mead in seiner engsten Stelle. In der Zeit der großen Arbeitslosigkeit standen der Damm, zusammen mit der Golden Gate Bridge, im Programm der Regierung. Arbeitsbeschaffung hieß die Losung. Heute versorgt sein Kraftwerk Las Vegas und die weitere Umgebung mit Strom. Wir flogen keine zwanzig Minuten, bis der Grand Canyon unter uns sein gewaltiges Bild der Natur ausbreitete. Wir setzten zur Landung an, das Bewundern und das Staunen riss nicht ab: Felswände zogen sich hoch, leuchteten in rötlich grauen Tönen und endeten erst in 2.200 Metern Höhe als Tafelberge. Diese gewaltige Schlucht hatte der Colorado in 650 Millionen Jahren ausgewaschen. Ob das Auseinanderdriften der Erdteile geholfen hat, die Erdrinde so tief zu spalten? Der Canyon besitzt eine Länge von 440 km, eine Breite bis zu 16 km und 1.600 m Tiefe. Die höchste Steilwand fällt 900 Meter ab. Ein Bus fuhr uns zu drei Aussichtspunkten. Enge Schluchten gähnten seitwärts in die Tiefe. Eine »Bibliothek der Götter«, so haben Geologen dieses Weltwunder genannt. Der »Große Lehrer der Natur« ließ uns ahnen, wie klein der Mensch bleibt. Zurück flogen wir im tiefen Rot der Abendsonne.

Wer von Las Vegas erzählen will, der beschreibe das Leuchten und Blinken. Es leuchtete alles, am meisten die Hotels mit ihren Casinos und den Spielhöllen. Doch das Licht verzauberte auch einen Disneyland-Komplex in eine Märchenlandschaft. Das Amerika, das hier strahlte und leuchtete, war kein Märchen, auch wenn sein Licht die Umrisse eines Mississippi-Steamers zeichnete, und den Qualm durch kleine Glühlämpchen aufsteigen ließ. Cesar's Palace beeindruckte mit einem Zeitsprung, als stünden seine Säulen in Rom. Die Wasserfälle und Springbrunnen des Mirage plätscherten idyllisch, bis um Mitternacht ein Höllenlärm ausbrach und ein Vulkan blitzendes Feuer ausspie. Und das alles harmonierte, war so aufeinander abgestimmt, dass es guten Abstand zum Klamauk bewahrte. In den Bars konnte man spielen, was man wollte, ohne es zu müssen. Was man allerdings nicht versäumen sollte: sich eine Show anzusehen. Die »Follies Bergère« standen im Programm. Glück muss man haben, Paris befand sich in Nevada. Was das Ensemble bot, sahen wir als großartig an. Dazu blieb unser Quartier im Motel Klondike das günstigste der ganzen Reise. Las Vegas hatte sich uns als einmalig vorgestellt. Durch die Landschaft der »Blauen Berge«, die einige Fotostopps verlangten, fuhren wir zu Gary nach »Rancho Mirage«. Gary fuhr mit uns durch »Palm Springs«, wo sich eine Ecke schöner zeigte, als die andere. Und er stellte sich als Eisenbahn-Ingenieur vor. Seine Gleise füllten einen größeren Raum, sein Zug fuhr durch die Schweiz und rollte am Matterhorn vorbei. Im Garten baute Gary eine Fernbahn auf breiterer Spur, die eines Tages die Zeitung und die Brötchen holen wird – hat Gary erzählt und gegrinst. Beide Anlagen stellten ein kleines Kunstwerk dar, waren »handicraft« und zeugten von großer Liebe zum Detail.

San Diego, im Süden Kaliforniens, gilt als die Stadt des immer währenden Frühlings. Lisa und Gerald, wie alle bisher genannten Freunde, kannten wir aus Ragaz. Sie hatten uns im »Sommerhouse Inn« von La Jolla ein Zimmer reserviert. Der Blick vom 9. Stock auf die Bay bleibt unvergessen. Die Freunde zeigten uns die Stadt, die stark gewölbte Brücke, um die Einfahrt zum Hafen auch für Kriegsschiffe offen zu halten. Die kleinen Häuser von Seaport Village, den Balboa Park der Weltausstellung von 1915. Am »Cabrillo Lighthouse« war der erste Portugiese an Land gegangen. Voller Stolz hatte er berichtet, die schönste Bucht der Welt gefunden zu haben. Wir stimmten ihm zu. Die Sonne schien, unser Blick ging weit nach Mexico hinein. – Das älteste ganz aus Holz gebaute Hotel, das »Coronado«, könnte man heute noch als neu bezeichnen, dabei war es über einhundert Jahre alt. Präsidenten und Filmgrößen haben es besucht, Filme wurden hier gedreht, und die Freunde nannten Namen von Marilyn Monroe bis Doris Day. Und ein Prinz of Wales fand in diesem Haus die Amerikanerin Wallys Simpson. – Liebe Lisa, lieber Gerhard, wenn wir uns in Ragaz wiedersehen, dann feiern wir dort meinen Geburtstag. Es war besonders schön, weil wir die Ersten sein durften, die euch besucht haben.

Er stand auf seines Daches Zinnen und schaute mit vergnügten Sinnen auf das herrliche Palos Verdes hin. War es der König von Samos? Wir besuchten Hans und Colette. Ihr Haus stand auf einer kleinen Anhöhe und war echt ein Traumhaus. Wenn der Blick über den Ozean ging, forderte das Bild diesen Vergleich heraus. Doch lieber Hans, lass die Nägel auf der Straße liegen, in die Reifen, da gehören sie nicht hin.

Ein wunderschöner Tag, eine wunderschöne Reise ging zu Ende, und dies durch die Menschen, die wir besucht haben – weil wir sie einmal verloren hatten. Das gilt es zu bedenken, wollte man das Besondere dieser Reise finden. Wir bedanken uns noch einmal bei allen, die uns um viele wertvolle Erinnerungen reicher gemacht haben.

Doch einen Unterschied zwischen Chile und Kalifornien, nach dem ich hüben wie drüben gefragt wurde, gibt es den überhaupt? Mit dem Milchmann Tevje will ich versuchen, die Frage zu beantworten: »We all are fiddler on the roof«, oder: »In allen Begegnungen fanden wir einen Kilometerstein.« Wir wissen, wie und wohin es weitergeht.

Bei Freunden in Südafrika –

Vom Krüger-Park bis zum Kap

Auch die Südafrikaner, Margot und Erich, hatten meine Frau und mich dreimal eingeladen, sie zu besuchen. Seit unserem Kennenlernen in Berlin duzten wir uns. Dreimal setzten wir ein Treffen in Ragaz als Ersatz für die Reise nach Südafrika ein, doch ebenso oft betonten die Freunde, dies nur als einen Aufschub anzusehen. Und warum gerade ich? Wollten sie den Mann näher kennen lernen, der, von einer bitteren Jugend gewarnt, gegen antisemitischen Kot Einspruch erhoben hatte und der nun verleumdet wurde? »Ich weiß, wohin das führt! Hätte ich überhaupt anders handeln dürfen? Sollen unsere Kinder ebenso unwissend in die Zukunft gehen wie wir? Nun verfolgen mich Verleumdungen. Will man mich mit meiner Jugend niederhalten, um neuen Antisemitismus zu tarnen? Früher hieß es: »Wie die Alten sungen, so zwitschern die Jungen.« Die Alten sangen vom Nichtswissen, mit dem sie aus Scham nicht fertig geworden sind. Wie soll es die Jugend schaffen? Ausweichen und Wegsehen zieht dunkle Wolken nach. Will man wieder erst bei der Geschwulst erkennen, die frühen Erreger nicht bemerkt zu haben? Macht es unbeliebt, bringt es Ärger, Einhalt zu gebieten? Tun wir nicht so, als ginge der Kot anderer uns nichts an, nur weil es bequemer ist, ihn zu übersehen.

Am Morgen des 17. Januar 1995 landeten wir in Johannesburg. Bei großer Hitze begrüßten uns, außer Margot und Erich, Irene und Ulli, die uns das erste Souvenir überreichten: einen dunklen Ebenholz-Kopf mit einer kleinen Landesfahne. Durch unsere jüdischen Freunde lernten wir jetzt ein Land kennen, in dem ich besonderen Gedanken nachging. Es ist die Südspitze unserer Erde. Holländer, Buren, Engländer, Hugenotten und die Menschen, die zuletzt dort angekommen waren, haben es zu einem Land gemacht, das wir Europäer noch etwas unterbewerten. Und uns blieb nur wenig Zeit für die Umstellung auf den dortigen Sommer, auf die Höhe von 2.000 Metern und auf den Linksverkehr, den ich sogar als Beifahrer verwünschte.

Erich eröffnete, schon übermorgen, für drei Tage nach Sun-City zu fahren. So hießen drei große Hotels, die man dort in die Wüste gesetzt hatte. Es entwickelte sich sehr schnell, was geplant war, ein kleines Las Vegas, etwa 200 Kilometer nördlich von Johannesburg. Auf dem Hof, der bald hinter dem Entree begann, standen steinerne Elefanten, Leoparden und Gazellen. Die Meisterwerke der Bildhauer starrten in den blauen Himmel oder in das müde Licht des Nachmittags. Wir bewunderten ein antikes Theater und einen künstlichen See. Die Kinder planschten, die Erwachsenen badeten oder sie flitzten als Wellenreiter über den See. Ohne Unterlass rauschten Wasserfälle; neben ihrem Plätschern schmeckte ein kühles Bier besonders gut. Hinter dem weißem Sand des Wellenbades donnerte ein Erdbeben, alles zitterte. Das hatte man künstlich angelegt, allein die zum Spielen bestimmten 50 Rand, die das Hotel an jeden Gast ausgab, die blieben Wirklichkeit. Zur Glückskönigin stieg Margot auf, doch niemand verlor einen Rand. Am Abend sahen wir eine erstklassige Show. Woher kamen die hübschen Mädchen, vom Broadway oder aus Paris? Sie tanzten oben ohne, mir schien, als befänden wir uns an der Seine. Zum Frühstück erschienen auf der Terrasse Fasane und Affen. Das Füttern war verboten, die Selbstbedienung galt nicht für die Tiere. Flinke Affen stahlen, was sie erhaschen konnten. Das Buffet verdiente größtes Lob, es war sehr gut und riesig zu nennen. Mit seiner Länge von dreißig Metern füllte es den ganzen Vorraum. Drei Boys legten laufend nach.

Wieder in Johannesburg veranstalteten Margot und Erich ein Treffen der alten Freunde auf ihrer Veranda: Irene und Ulli, Trudy und der große Hans. Eva und Kurt schenkten uns ein Album von Südafrika. Wer wollte nicht darin blättern? Eine drehbare Platte stand auf dem Tisch mit unserem Vereinsabzeichen. Ein Hochzeitsgeschenk für Erich und seine Frau, im Mai 1934.

Nur sechs Touristen saßen in dem 28-Personen-Bus, der mit uns von Johannesburg zum Krüger-Park fuhr. Auf einer belebten Straße stoppte der Fahrer ganz plötzlich. Er stieg aus, hastete zur Straßenmitte und kam mit einem Chamäleon zurück. Nachdem er uns auf den Wechsel der Farbe hingewiesen hatte, setzte er das Tier in den Rasen. Das war die Tierliebe in Südafrika! Im Park begegneten uns zuerst Impala-Antilopen. Einzelne oder ganze Rudel standen in den freien Stellen des mannshohen, oft stacheligen Gestrüpps. Elegante Tiere mit glattem, rehbraunem Fell. Die Böcke trugen ein gewelltes Geweih. Alle hoben ihre Löffelohren, sahen mit Kulleraugen zu uns, aber Angst? Nur wenige flohen und zeigten ihren weißen Spiegel. Der kurze Schwanz lag als schwarzer Längsstreifen in der Mitte. Die Affen stellten sich anders vor. Sie liefen neben dem Bus her und gaben sich völlig ungeniert, was die Entstehung ihres Nachwuchses betraf. Die Jungen hielten sich im Fell der Mütter fest oder sie ritten, stolz wie die Spanier, auf deren Rücken. Vögel watschelten vor dem Bus, unser Schritttempo schien ihnen bekannt zu sein. Der Fahrer stoppte für einen Käfer. Hier besitzt ein Skarabäus die Vorfahrt. Wie ruhig unsere hektische Welt doch sein konnte.

Die Büffel geboten Distanz, ein Gnu lag faul im Schatten, eine junge Hyäne tauchte erst bei drei Metern Abstand in ihren Rohrtunnel, die Zebras langweilten sich. Der Nashornmutter mit dem Jungen dankte ich, sie aus der Distanz heranzoomen zu müssen; in Begleitung ihrer Jungen werden Tiermütter schnell aggressiv. Die Warzenschweine, mit aufgestelltem Schwanz und zwei Hauern im Maul, sahen hässlich aus. Flusspferde hoben den Kopf nur halb aus dem Wasser, dass sie grade sehen konnten. Sie lugten behäbig, als wollten sie mit zuckenden Ohren fragen: »Wo kommt ihr denn her?« Die Giraffen hingegen gaben sich stolz wie Mannequins, fraßen in Kopfhöhe und fragten den Fotografen von oben herab: »Hast mich endlich im Kasten?« Der Rücken bot eine durchgehende Bahn, von den Hörnern bis zum Schwanz. Etwa eine Einladung zur Rutschpartie? Danke, du bist mir etwas zu hoch. Das Dorf schenkte Daktari-Romantik: Die runden Hütten trugen ein spitzes Strohdach. Wie in den Geschäften und Restaurants hatte man auch hier für Aircondition gesorgt. Das Thermometer zeigte 40 Grad. Einen Kühlschrank, Spüle und Sitzecke fanden wir auf der Terrasse. Kein Gast besaß einen Schlüssel. Ruth wollte telefonieren und warf die Münze ein. Sie wählte mehrmals, bis eine Stimme fragte: »Warum rufst du immer dieselbe Nummer an, wenn keiner zu Hause ist?« Siehste, lachen kostet auch hier kein Geld.

Die absolute Spitze des Tages stellten die Löwen dar. Auf einer Fahrt, die noch bei Dunkelheit begann, empfingen wir in einem umzäunten Terrain zunächst ein Busch-Frühstück: Starker Kaffee, Zwieback. »Ouma Rusks Müsli!« war große Klasse; sein Härtegrad lag zwischen Schiffszwieback und Knäckebrot, brach jedoch leicht und empfing durch einen Schluck Kaffee den Geschmack eines Napfkuchens. Wer Südafrika besucht, der besuche auch den Krüger-Park und denke an Ouma Rusks Müsli. Empfehlenswert! Absolut savannenfest, ohne Verpackungsbeilage und den Hinweis, bei Nebenwirkungen Arzt oder Apotheker zu fragen. In der Regenzeit allerdings vor Nässe zu schützen! Dann erschien der König der Tiere mit seiner ganzen Familie. Eine Dame ging gemächlich voraus. Flüssig markierte sie auf der Straße die Grenze. »Bis hier und nicht weiter!« Sie hatte klug dosiert, die Grenze noch mehrmals markieren zu können und wartete ab. Uns blieb genügend Zeit, den Film zu wechseln. Eine zweite Löwin gesellte sich dazu, auch sie begoss die Grenze. Beide Damen legten sich quer, eine dritte verfolgte den Bus am Heck. Der Herr mit der Mähne, der uns bisher nur von der linken Seite beäugt hatte, packte sich ebenfalls auf die Straße. Auch die Tierwelt besitzt ihre Protestierer! Dann aber mussten sie der langsamen Gewalt unserer Stoßstange weichen. Doch sollte man die Löwen auch verstehen? Sie befanden sich noch vor dem Frühstück; wir hatten Ouma Rusks Müsli gegessen, saßen in einem geschlossenen Bus und nicht im offenen Range-Rover.

Die zweite Spitze boten die Elefanten. Obwohl sich vorerst nur einzelne zeigten, tauchten plötzlich zwei Familien aus dem Gestrüpp auf. Nur einhundert Meter vor uns. Die zweite zeigte sich neugierig und kam auf uns zu. Drei Generationen Dickhäuter überquerten die Straße direkt vor uns. Ein mittelgroßer Bulle, wohl der Schwiegersohn, half dem letzten dranzubleiben. Er warf einen Blick zum Bus: »Wenn wir kommen, dann habt ihr Pause!« Bitte sehr. Doch die Elefanten ließen sich keine Zeit, den üblichen Zweig auf die Straße zu legen, um anderen anzuzeigen: »Hier geht's lang!« Fanden sie ihre Trampelpfade nicht ohnedem? Wir jedenfalls werden die wunderschönen Tage im Krüger-Park nicht vergessen können.

Eva und Kurt luden uns zuerst zum Essen in ein Restaurant und dann in ihr »Doll-House«, ihr Puppenhaus, ein. Es war ein reizendes Häuschen mit einem Garten. Der Name passte zu den zwei lieben Menschen. Sechs Personen erschienen zum Kaffeetrinken und zum Kuchenessen. Irene und Ulli führten uns auf einen Markt für afrikanische Handarbeiten. Ulli und ich blieben vor der Gaststätte sitzen, die Damen tummelten sich, haben uns aber wieder gefunden. Mittag aßen wir abermals in einem kleinen Gartenrestaurant mit sehr guter Küche. Als zu Hause die Kassette »Lieber Leierkastenmann« lief, sah ich feuchte Augen. Keiner von uns sprach. – Acht Jahre später schickte Irene uns einen Zettel. Ulli schrieb mit zittriger und von Parkinson geschüttelter Hand: »Berlin, meine lieben Freunde …« und »Heimweh nach dem Kurfürstendamm«. Es blieben seine letzten Zeilen. Er starb am nächsten Tag. – Servus Ulli.

Der große Hans hatte zum Geburtstag eingeladen.

Fünfzig Gäste waren erschienen. Wir erlebten eine eindrucksvolle Feier. Hans bewies, ein guter Redner zu sein, er begann sein achtes Jahrzehnt. Zwei Tage danach fuhr er mit uns durch Johannesburg und an Soveto vorbei. Zum Essen bat er in sein Heim. Seine afrikanische Hausfee umsorgte seine behinderte Frau sehr liebevoll. Hier schien es schon vor Nelson Mandela kein Rassenproblem gegeben zu haben! Wir zählten zwei weitere schöne Tage. Beim dortigen Klub stieg meine liebe Frau zum ersten Mal in ein Ruderboot. Erich und Kurt hatten es so eingefädelt. Leider ist der See in Johannesburg sehr klein. Die Herren ruderten eine Runde, ab 11.oo Uhr gehörte das Wasser den Seglern. Im Clubraum des »Wemmer-Pan« hing die Fahne unseres Vereins. Leider hatten wir keinen Berliner Bierkrug mitgenommen. Er hätte gut in das Regal hinter der Theke gepasst.

Mit dem Bus fuhren wir nach Pretoria, der Hauptstadt Südafrikas. Dort machte uns das Voortrecker-Denkmal mit jenem Burentreck bekannt, der in einen mörderischen Hinterhalt gelockt worden war. Wir besuchten das »Ohm-Krüger-Haus«, eine Erinnerung an den Mann, den Wilhelm II. bitter enttäuscht hatte. Von seiner Europareise vermochte der alte Mann nicht mehr heimzukommen.

In einem Safari-Dorf sahen wir ein nur von Trommeln begleitetes Tanz-Theater. Ohne Musik, ohne Sprache, nur ausdrucksstarke Gesten beim Tanz deuteten die Handlung der Oper an, die vorher bekannt gegeben wurde. Es war eine sehr interessante Vorstellung, die wir nicht erwartet hatten. Zwei Stunden gab das vom Fernsehen bekannte Ensemble sein Bestes und machte nur eine Pause. Wir staunten und sparten nicht mit Beifall.

Der Besuch von »Gold-Reef-City«, der alten Goldgräber-Stadt, gab den Abschluss in Johannesburg. Wir fuhren 800 m tief in den Stollen und sahen danach den Guss eines Goldbarrens. Wer ihn, trotz abgeschrägter Seiten, nur mit einer Hand aufhob, der hatte ihn gewonnen. Es schaffte niemand. Aber alles stellte eine gut gelungene Mischung von Goldgräber-Romantik und Folklore dar. Den Krüger-Rand kauften wir dort am günstigsten.

Wir zogen um nach Kapstadt, in die Sommerresidenz von Margot und Erich. Und diese Stadt, mit der gesamten Kap-Provinz, bot uns alles, was ein Tourist sich nur wünschen konnte: der Bus fuhr eine der schönsten Küstenstraßen am Atlantik entlang zum Kap der guten Hoffnung. Zwei Erdteile gehen vor der Landzunge mit einer weit vorstehenden Felsnase nahtlos ineinander über. Ein schwach überspülter Stein markierte mit seinem Schaum die Stelle, wo der »Fliegende Holländer« gesunken sein soll. Den Unterschied der Wassertemperatur, bis zu 12 Grad, ergaben die Strömungen beider Ozeane. Die frische Brise des Atlantiks wehte um die Kapnase, und wir träumten zugleich von der »Number One« in Kalifornien und der »Traumstraße der Welt« in Chile. Hier hatten Hugenotten Wein angebaut. Wir fanden ihre französischen Reben in »Stellenbosch«, »Franchhoek« und »Boschendal«. Auf gepflegtem Rasen luden weiße Stühle und Tische zum Festmahl ein, das uns in einem Korb für vier Personen gereicht wurde: Pizza-Vorspeise, Hühnerkeulen, Fleisch- und Wurstspieße, Käse, Butter, Baguettes. Nur der Wein ging extra. Wir haben alles genossen, auch den

Blick: bläulich schimmerten die Berge durch kerzengerade, schlanke Baumstämme. Könnten wir doch noch etwas hier bleiben. Immer wenn's am schönsten ist … Doch ich rate jedem, dort nur mit leerem Magen hinzufahren!

Ein Boot für etwa zwanzig Personen fuhr uns durch den Hafen von Kapstadt. Faul lagen die Seehunde im wohl schon 300 Jahre altem Gebälk. Ein Segelschiff wies auf die Zeit der Gründung des Hafens und der ersten Siedlung hin. Wir fuhren aufs Meer und sahen die Stadt. Der Tafelberg bestimmte das Bild. Um unser Boot tummelten sich Delphine. Wir fuhren nach Robben-Island. Anlegen war verboten, doch alle Passagiere werden an den Mann gedacht haben, der hier die letzten Jahre seiner 27-jährigen Haftzeit verbracht hat. Nelson Mandela, der dennoch keinen Hass sät, der das Land zu befrieden sucht, den Schwarz und Weiß verehren. Er muss als zweiter Gandhi gewertet werden. Ich hörte Satchmos rauchige Stimme: »… and I think to myself, what a wonderful world.«

Mit dem Lift fuhren wir auf den Berg, der keine Spitze, nur eine ebene Fläche besitzt. Fällt grauer Nebel wie ein langes Tischtuch herunter, nennen die Kapstädter es fallende Wolken. Langsam veränderte sich das Bild. Wie viel Platz blieb der Stadt noch zum Wachsen um den Berg herum, zwischen dem Felsen und der See? Immer reizvoller wurde das Bild, der Blick auf die Häuser, den Hafen und den weiten Atlantik. Auf der linken Seite stand der Lion, der kleine Bruder des Tafelbergs. Wir gingen in das Restaurant, setzten uns an ein Fenster und wussten, unter uns lag eine der schönsten Städte der Welt, deren Bild kein Besucher vergessen kann. Wieder auf dem Plateau des Berges fraßen die Dossis, possierliche Bergkaninchen, fast aus der Hand. Sie scheuten nur die letzten Zenti-meter. Unten bummelten wir durch das hochmoderne Waterfront Einkaufszentrum. Wir fanden es interessant, denn es bedeutete uns etwas, am Hafen von Kapstadt entlangzuschlendern, um das Leben und Treiben in ei-nem anderen Erdteil zu beobachten, der uns durch seine jüngere Geschichte besonders interessierte. Die absolute Spitze für einen Blick auf die Küste und eine Bucht des Ozeans, das bot uns der Balkon von Margots Wohnung. Ob wir dort bei Tag oder am späten Abend und einem fast ruhenden Verkehr saßen, die Riviera könnte nicht mehr bieten.

In der letzten Woche wurde Erich krank. Der Arzt sorgte für die Einlieferung ins Krankenhaus und für die Operation. Erich zeigte sich erstaunt, uns dort zu sehen. Er fühlte sich unglücklich, uns die letzten Tage zu verder-ben. Das dachte er, besucht man einen Freund nur an sei-nen guten Tagen? Das hätte auch keiner von ihnen getan. Als ich in Chile stürzte und liegen musste, als Freunde die halbe Welt fast auf den Kopf gestellt hatten, damit ich gut versichert, in der Ersten Klasse der Air France wieder nach Hause fliegen konnte, da fühlte ich mich so sicher wie in Abrahams Schoß.

»War es in Chile auch so schön?«, hat man uns oft ge-fragt. Die Antwort konnte nur heißen: »Die Welt ist über-all schön, wo man gute Menschen trifft.« Wir fanden sie in Chile, in Kalifornien, von San Bruno bis San Diego, in Sao Paulo, in Ragaz, in Südafrika und in Schweden. Wir danken allen von Herzen. Wir fanden durch euch die schönsten Erinnerungen: unsere Kilometersteine.

Miguel I. – das Gebet in der Synagoge

Es war die kleine Sportgemeinschaft, von der ich schon einmal erzählt habe, wenn auch in einem anderen Umfeld. Sie wurde als eine vornehmlich jüdische Gemeinschaft gegründet und hatte zwei Weltkriege überlebt. Heute ist die kleine Gemeinschaft auf allen Erdteilen vertreten. Die schwarzen Jahre der jüngeren deutschen Geschichte hatten viele Mitglieder zur Emigration gezwungen, doch sie hielten fest zusammen, wohin das Schicksal sie auch vertrieb. Sie halfen einander eine neue Heimat zu finden und gründeten in aller Welt neue Gruppen unter dem alten Namen »Berliner Sport-Club«. Heute finden wir in ihnen die treuesten Mitglieder dieser Gemeinschaft. »Wir sind nichts Besonderes, ganz gewiss nicht, doch alltäglich ist das auch nicht.«

An einem Sommerabend saßen wir auf der Terrasse des Clubhauses, als unser Erster Vorsitzender mich mit bestimmendem Blick ansah und sagte: »Ruth und du, ihr holt morgen früh um 10.00 Uhr den Michael aus seiner Pension in der Motzstraße ab.« Wir waren natürlich informiert, ein Kamerad aus Argentinien hatte sich angemeldet. Ich zögerte: »Wir kennen ihn doch gar nicht, wir sind neu im Verein. Und außerdem Kriegsgeneration, macht das nicht besser die Jugend?« »Die ist zu dieser Zeit schon auf ihrer Wanderung.« So war er, unser Boss. Sein glatt zurückgekämmtes Haar verriet zielbewusstes Denken. Wenn ihm jemand widersprach, überrollte er ihn mit einer Flut von Gründen. »Anders kommste nicht durch«, gab er zur Antwort; er wird Recht gehabt haben.

Ich nahm den Zettel mit der Telefonnummer, als er schon auf die Bestätigung wartete: »Alles klar? Und ruf vorher an.« Etwas unwillig folgte ich der Aufforderung. Unser Oberhaupt lächelte schelmisch, zog das Kinn tiefer und genoss seinen Triumph: »Die neueren Mitglieder haben alle einmal angefangen, die Auslandskameraden kennen zu lernen.« Am Morgen nahm ich meinen Zettel und drehte die Wählerscheibe. Der Ruf ging raus, dienstbereit meldete sich eine Frauenstimme: »Ich verbinde mit Herrn Keller.« Angenehmer Aufschub, dachte ich, doch die Verzögerung war nur von kurzer Dauer: »Guten Morgen! Ich freue mich, dass Sie mich abholen«, hörte ich ihn sagen. »Zehn Uhr, pünktlich wie in alten Zeiten.« Damit gliederte er mich in die Gemeinschaft ein, ohne mich jemals gesehen zu haben. Seine Stimme war nicht leicht zu beschreiben, doch sie schlug mühelos eine Brücke über vierzig Jahre. »Ein netter Mann, der sich ehrlich freute, sonst klänge seine Stimme nicht so fröhlich«, dachte ich und fühlte mich erleichtert. »Ich werde pünktlich vor der Tür stehen«, versprach der große Unbekannte und begann zu scherzen: »Erkennungsmerkmal: blauer Blazer mit vier silbernen Knöpfen. Silber bitte und in der Brusttasche ein kleines weißes Tuch; auf dem Revers unsere Clubnadel. Alles klar?« »Klarer geht's nicht«, flaxte ich zurück, zum Zeichen, ihn sehr wohl verstanden zu haben, doch es schien, als hätte ein alter Bekannter mit mir gesprochen. Eine halbe Stunde später hielt ich gegenüber der genannten kleinen Pension. Kaum war ich ausgestiegen, kam jemand aus dem Eingang. Am Bordstein blickte er kurz nach links und kam mit strahlendem Lächeln auf mich zu.

Als uns nur noch drei Schritte trennten, reichte er mir seine Rechte, hob die Linke, um den alten Kameraden mit einem Schulterklopfen herzlich zu begrüßen. »Zuverlässig und pünktlich wie früher«, bekannte er offen. Wir reichten uns die Hand. Ich bestaunte seine äußerst gepflegte Erscheinung: die graue Hose gehörte zum Blazer, einen silbernen Knopf hatte er offen gelassen wie das Hemd, aus dem sich ein bunter Seidenschal wellte. Sein kurzes, grau meliertes Haar, sein braun gebranntes Gesicht mit den schneeweißen Zähnen ließen den Kaufmann für Büromaschinen als Plantagenbesitzer erscheinen. »Vielen Dank fürs Abholen. Es freut mich, neue Kameraden kennen zu lernen.« Unser Gast nahm als Beifahrer Platz, wandte sich nach hinten. Als ich zum Zündschlüssel griff, da sagte er kurz: »Stopp! Moment bitte.« Er wandte sich halb zu mir und halb zu Ruth: »Also Kinder, als Clubkameraden sagen wir du zueinander.« Er reichte die Rechte über die Lehne, »Ruth«, nannte er ihren Namen direkt in ihr verlegenes Lächeln; danach gaben wir uns noch einmal die Hand, und ich dachte an ein verschmitztes Lächeln vom Boss am Vortag. Ohne den Club hätten wir diese Stunde und manch andere nie erlebt. »Und ich bin Michael, ganz einfach Michael, wie euer Junge.« Das wusste er aus der Clubzeitung. Er strahlte, erkannte die Wirkung seines Erscheinens, hob die rechte Hand, streckte den Zeigefinger und verzögerte die Abfahrt weiter: »Eines müsst ihr mir versprechen, ihr könnt mich nennen wie ihr wollt. Michael, wenn es euch gefällt, Michèle, das weiche Französisch mag ich ebenso wie Miguel. Nur Liebling, versteht mich bitte, das bleibt allein meiner lieben Frau vorbehalten.« Das Motorengeräusch ging im Lachen unter, doch ich begriff eines nicht so schnell: Ein Mensch, der emigrieren musste, besser gesagt, der rausgeschmissen wurde und irgendwo in der Welt neu anfangen musste … Ab und zu streifte ein verstohlener, kurzer Blick nach rechts. Nein, es war wirklich kein Traum. »Staunste?«, fragte er. »Ick war früher och 'n Berliner Junge.«

So sind wir zum Clubhaus gefahren und scherzten auf der ganzen Fahrt. Auf der Terrasse ging Michaels Blick über den Wannsee. Früher, vor dem Krieg, da besaßen sie ein Haus im Osten, am Langen See, an der alten Regatta-Strecke. Michael schaute über den See, als sei es das Wasser seiner Jugend. Er suchte sich zu erinnern, er suchte die Ferien der Schulzeit, die er fast ausschließlich am Wasser der Märkischen Seen verbracht hatte. Er fragte nach der wandernden Jugend. »Wir waren nach Neustrelitz gefahren, sind von dort zur Müritz gelaufen, sind auch mal ein Stück mit dem Dampfer gefahren und kamen mit der Bahn wieder zurück. Immer sind wir mehrere Tage unterwegs gewesen. Munter sind wir durch die Sächsische Schweiz getippelt, standen auf dem Königstein, einer Festung mit den Kanonen vom Alten Fritz. Von der Bastei haben wir versucht in die Elbe zu spucken. Hat keener geschafft, bis unten konnste die Spucke ja nich sehen. Manchmal war auch das Elbtal schuld, es ließ den Wind von der Seite blasen. Hatte es nicht schon immer viel zu wenig Ferien gegeben, was meinste?« Wir lauschten seinen Schilderungen. Es erleichterte ihn, davon erzählen zu können. Zum Mittagessen gab es Kartoffelsuppe mit Bockwurst, wir befanden uns ja nicht in einem Restaurant. Aber gerade deshalb erlebten wir einen wunderschönen Sommertag. Michael war der erste Auslandskamerad, den wir näher kennen lernten. Mit seiner liebenswürdigen und unbekümmerten Art hatte er einen Anfang gemacht. Durch die Order, ihn abzuholen, wurde er für uns: Michael der Erste. Je mehr Menschen wir mit diesem Schicksal kennen lernten, desto mehr tiefe Freundschaften entstanden, und jedes Mal dachten wir an diesen Anfang – auch nach Michaels Tod in Argentinien.

Jahre vergingen. Ich lag im Krankenhaus und sollte am Halswirbel operiert werden. Ruth besuchte mich täglich. An einem Tag beugte sie sich tief und flüsterte, in Chile gingen zwei Freundinnen in die Synagoge, um für mich zu beten. Mein Kopf sank ins Kissen zurück, ich musste das erst begreifen und starrte an die Decke, als stünde dort die Antwort. – Menschen, die Deutschland verlassen mussten, als wir, besonders nach dem Ausbruch des Krieges, an eine patriotische Pflicht glaubten! Still habe ich mich gefragt: »Und was tust du selbst für dich, wenn andere …?« »Mutti, bring mir morgen meinen Rilke mit.« »Wegen des ‚Cornet‘? Den hast du doch schon x-mal gelesen.« »Nein, wegen Rilkes Gedichte und der Gespräche mit dem lieben Gott‘. Das jüdische Leid hatte einmal damit begonnen, den Heiden zu sagen, trennt euch von euren Göttern. Es gibt nur einen Gott!« Der Chefarzt wollte die Operation um drei Tage verschieben, ich bat ihn, es nicht zu tun, ich wartete nun schon eine Woche. Ruhig sah ich der Operation entgegen. Die Punktion der Wirbelsäule habe ich kaum gespürt. In Gedanken befand ich mich in der Heimat vor dem Altar: Dort wurden die Eltern getraut, meine Schwester und ich getauft, dort besuchten wir den Kindergottesdienst und wurden eingesegnet. Ruth und ich tauschten dort die Ringe, der

Pastor taufte unseren Sohn – eine Stunde, bevor wir die Heimat verließen. Der Junge sollte weder in einer Diktatur aufwachsen noch in ihr leben. Und ich kehre immer zurück und folge Rilke.

Walter und Jutta aus Schweden

Unser Sportverein feiert alle runden Geburtstage. Die einhundert Jahre seines Bestehens wie meine eigenen ließen mich annehmen, dies könnte der letzte runde Ehrentag sein. Es kamen Freunde aus der Vorkriegszeit, aus der Zeit ihrer Emigration. So brachte dieser Tag Margot und Erich aus Südafrika nach Berlin. Eine israelische Zeitung berichtete von uns und führte Freunde zusammen, die vor sechzig Jahren in Italien dieselbe Schule besucht hatten. Die erste Station ihrer Emigration. Steffi, Walters junge Frau, wurde nach Auschwitz deportiert. Sie kam nie zurück. Auch alles spätere Suchen blieb erfolglos. Walters Weg führte über Theresienstadt in ein Arbeitslager, wo er bis zum Ende des Krieges schuften musste. In Deutschland hielt ihn nichts mehr; er ging nach Schweden. Jedoch lernte er bei einem Besuch des Vaters Jutta kennen, die ihm in die neue Heimat folgte. Walter wurde Innenarchitekt, Jutta lernte Schwedisch und arbeitete in ihrem Beruf in einer Bank. Die Berlinbesuche mehrten sich, die Freunde mieteten eine kleine Wohnung. In einer Kaffeestunde erzählte Walter von Steffi – ihrer sechsmonatigen Ehe –, er sprach von Theresienstadt und dem Arbeitskommando. Sein Schicksal berührte mich tief. In der Zeit, da Steffi ermordet wurde und er zu leiden hatte, erblindeten wir im falschen Patriotismus und wurden mitschuldig. Hatten wir etwas dagegen getan? Ohne meinen Willen fielen die Worte: »Dann kennen wir beide den Stacheldraht.« Das war der Satz, der mich über jene Schwelle hob, die ich fünfzig Jahre gemieden hatte. Löste Walter meine Zunge, ein jüdischer Freund, der nicht emigriert war, der den Schmerz und den Draht des Lagers ertragen musste, nachdem seine Frau in Auschwitz ermordet worden war?

»Was denn, du auch?« »1938. Du von innen – ich von außen.« »Sag bloß.« Er schüttelte den Kopf, als wünschte er, weiter ungläubig bleiben zu können. Meine Erzählung begann und floss: über die verlogene Berufsberatung, den Militärdienst dort mit sechzehn, statt mit achtzehn Jahren beginnen zu können, ohne die sechs Monate Arbeitsdienst; aber auch ohne zu ahnen, wozu junge Burschen missbraucht wurden. »Vaters Tod gab meiner Mutter, wegen des erforderlichen Berufswechsels, guten Grund für einen Antrag auf Entlassung. Elf Monate hatte mein Gastspiel dort gedauert. In seinem Ende sehe ich heute das größte Glück meines Lebens.«

Wir feierten Walters 80. Geburtstag in Warnemünde und wurden nach Schweden eingeladen. Am Rande des Städtchens Simrishamn in Südschweden haben Jutta und Walter sich nach dem Abschied von Beruf und Stockholm ein Haus für den Lebensabend gekauft. Doch das dünn besiedelte Land konnte ohne berufliche Tätigkeit schnell sehr ruhig werden. In einer idyllischen Landschaft standen die Bauernhäuser, fast jedes inmitten seiner Felder. Bäume und Büsche schmückten den Platz rundum. Doch Jutta wusste uns mehr zu zeigen: eine Obstfarm, deren Größe bei uns kaum Platz fände. An der Küste besaß jeder Ort einen Hafen, Fischerei und eine Speisewirtschaft, die auch auf der Putenfarm nicht fehlte. »Fahr langsam«, bat ich, um den Reiz der Landschaft genießen zu können. Das Haus und seine Lage waren spitze. Blumen blühten auf drei Seiten. Eine große Ecke der Terrasse war heizbar. Am kühlen Abend hütete eine Markise die Wärme wie eine Glocke. Die medizinische Versorgung in Schweden war sehr ungenügend. Trotz eines Infarkts sollte Walter acht Monate auf die Untersuchung warten, ob Katheder oder Bypass. Beide Freunde kamen nach Berlin, Walter wurde operiert. Jutta und Ruth besuchten ihn täglich. Es war zu spät. Mit einer Urne fuhr unsere Freundin nach Schweden zurück. Wir haben sie dreimal besucht; sie und die Urne. Und immer höre ich Walters Stimme: »Du und ich, das war gut. Dir gelang die Umkehr, denn solange eine Sache sich in Bewegung befindet, solange können wir an ihr arbeiten. Versäumen wir es, so tun es andere, doch nicht in unserem Sinn. Denken wir an die Kinder, an deren Zukunft.«

Nicht gesucht und doch gefunden

George Bernhard Shaw: »Der Jude ist nicht anders als der Christ, nur von allem etwas mehr.« Wie konnte Shaw das sagen? Etwa 75 % der vor 3.000 Jahren mit Moses aus Ägypten geflohenen Juden konnten lesen und schreiben. Sie werden es in den 400 Jahren Zwangsarbeit gelernt haben, um für eine leichtere Arbeit eingesetzt zu werden. Kriegsgefangene, die Sprachkenntnisse erwarben, werden Vergleichbares erlebt haben. Folglich stimmt das Wort: »Not macht erfinderisch!«

Gerson Stern: »Was wundert sich die Welt, wenn Menschen, denen man nur zwei oder drei Dinge gestattet, darin besondere Kenntnisse erwerben? Doch leider ist damit verbunden, dass die weniger Guten zu einer besonderen Raffinesse gelangen.« Allein im letzten Jahrtausend hatte man die Juden 800 Jahre in Ghettos gesperrt und ihnen Berufsbeschränkungen auferlegt. Sie durften säubern und flicken, doch jede handwerkliche Herstellung blieb ihnen verboten. Allein den Geldwechsel und den Handel mit Stoffen hatte man ihnen gelassen. Doch 800 Jahre genügten für Mutation, für Veränderung des Erbgutes durch ewige Einseitigkeit. »Es geht in Fleisch und Blut über«, hat man früher oft gesagt. Verwundern uns ihre Vorliebe für Märkte und Basare, ihre Erfolge in Textilindustrie und Bankgewerbe? Pauschalieren wir weiter in der uralten Manie, die nur Ungutes bringen kann? Ihr Glaube, der ohne Heiland, ohne Vermittler bleibt, der den Menschen direkt vor Gott stellt, der erbrachte jenes geistige Training, das ihnen den Weg zu intellektuellen Berufen geöffnet hat: in Wissenschaft und Kunst, in der Medizin u. v. a. Die Not gab ihnen die Chance. Sie wurden anderen etwas zu klug und zu rührig. – Das war's!

Hans Carossa: »Die Juden sind heute noch das unverstandenste Volk der Welt und in dieser Beziehung nur mit den Deutschen vergleichbar. Sie sollten uns erforschenswürdig, doch unantastbar sein. Um durch alle Mängel und Entartungszeichen Einzelner das Wesentliche und Wertvolle des jüdischen Volkes zu erkennen, dazu muss einer selbst wesenhaft und wertvoll sein.« – Carossa, Arzt und Schriftsteller, blieb, so Joseph Roth, einziger deutscher Schriftsteller, der nicht der Reichsschrifttumskammer angehörte. Ein Mahner gegen jede Art zu pauschalieren.

Ezer Weizmann, in den neunziger Jahren israelischer Präsident, beantwortete im Deutschen Bundestag die Frage nach seinen Ahnen: »Ich war bei ihnen als Sklave in Ägypten, ich gehörte zu den Träumern, die die Tempel in Jerusalem wieder aufbauten.« Weiter sprach der alte Herr vom Jemen, dem Sinai, den Assyrern und Babyloniern, den Römern und Spaniern, von Mainz, Theresienstadt und Warschau. Damit hatte er ein 4.000-jähriges Leid umrissen, das mit Abraham begann: »Es gibt nur einen Gott!« So lautete einst der Auftrag an sie, ›das‹ war ihre Auserwähltheit!

Gräfin Maltzahn: Mitglied des Kreisauer Kreises, 20. Juli 1944, in einer Talkshow im Kranzler: »Wenn ich heute von Politikern das Gerede vom Nichtsgewusst höre, kommt mir das kalte Kotzen.«

Richard von Weizsäcker und Rolf Stiege, Nov. 1993: »Jeder muss mithelfen und die Augen in seiner Hausgemeinschaft wie seiner Nachbarschaft offen halten …

Jeder Einzelne muss im Gewissen prüfen, ob er nicht auf verschlungene Weise und völlig absichtslos irgendwie teilhat an einer klammheimlichen Sympathie für die schrecklichen Fremdenfeinde ... heimliche Distanzierung ist naiv, ohne es zu wollen nährt sie den Mutwillen der Gewalttäter.«

R. v. Weizsäcker, März 1994: »Einzeltäter kommen nicht aus dem Nichts. ... eine Frage des Umfelds. Die Mittel des Staates blieben wirkungslos in einer gleichgültigen, verantwortungsscheuen Gesellschaft. Festigkeit des Staates, die Wachsamkeit der Bürger ... Wenn Jugendliche zu Brandstiftern und Mördern werden, dann liegt die Schuld nicht allein bei ihnen, sondern bei uns allen, die Einfluss auf die Erziehung haben, in den Familien und Schulen, in den Vereinen und Gemeinden, bei uns Politikern!«

Rolf Stiege, BM, März 1994: »Wissen wir heute, ein halbes Jahrhundert später, wirklich, was in unserem Land geschieht? Der Schoß, der Böses nährt, ist fruchtbar noch! Die Wurzel des Übels nistet mitten unter uns! Was wissen wir eigentlich über uns? Wir gehen in ‚Schindlers Liste‘, weinen und sind betroffen. Doch wie weit trägt unsere Scham über den Holocaust? Die Brandstifter von Lübeck und Solingen sind schuldig, noch schuldiger sind die, die dabeistehen, schweigen und Beifall klatschen!«

Dr. Margarete Mitscherlich, Lufthansa-Bordbuch 1992: »Man sieht Neonazis, man bekommt das Gefühl, es sei alles unter den Teppich gekehrt worden, man hat nichts aus der Vergangenheit gelernt. Erinnerung ist Ursprung wie auch Ziel. In kritischer Erinnerung liegt die notwendige Aufklärung über die Ursachen. Es wurde unglaublich hektisch wieder aufgebaut. Wir sind doch toll: die

DM ist die härteste Währung! Ans Denken dachten nur wenige, ans wirkliche Denken: lernen aus der Geschichte. Mit Hilfe der Währungsreform wurde die Konfrontation mit der totalen Niederlage innerlich, äußerlich sowie die Erinnerung abgewehrt.«

Epilog

Nun, sehr verehrter Leser, was hat sich geändert, seit diese diese Zeilen gedruckt worden sind? Der Antisemitismus, wenn wir uns nicht hinter Vorfällen bei unseren Nachbarn verstecken, der liegt unter dem Teppich, während der Nazismus sich immer wieder neu zu formieren sucht. Das nennen wir Vergangenheitsbewältigung? Im Stern, 29.04.1992, hieß es: Staubsauger für das eigene schlechte Gewissen, um uns die Illusion zu suggerieren, wir könnten die Vergangenheit irgendwie los werden, statt zu forschen, wie es dazu gekommen ist. Margarete Mitscherlich und Hanss Carossa haben es geraten. Gelten die deutlichen Worte Richard von Weizsäckers und Rolf Stieges nicht mehr? Was heißen Früherkennung oder Wachrütteln, wenn kein aktives Handeln folgt? Der Arzt sucht die ersten Erreger und bekämpft sie. Erst, wenn die Kinder vor neuem Antisemitismus und neuem Nazismus sicher sind, erst dann kann jeder Mensch im deutschen Vaterland wieder ruhig schlafen!